满腹经纶

夏可可 / 著

中国出版集团有限公司
China Publishing Group Co., Ltd.
现代出版社

目录

芳菲歇去何须恨 夏木阴阴正可人

蛾儿雪柳黄金缕 笑语盈盈暗香去

行路难 不在水 不在山
只在人情反覆间

梦里不知身是客
一晌贪欢

系我一生心 负你千行泪

江雨霏霏江草齐 六朝如梦鸟空啼

有约不来过夜半 闲敲棋子落灯花

绿蚁新醅酒 红泥小火炉

芳菲歇去何须恨
夏木阴阴正可人

白话 世间万物循环往复，生生不息。

古诗文 日月忽其不淹兮，春与秋其代序。

——[先秦]屈原《离骚》

白话 感谢阳光，给了我们生机勃勃的世界。

古诗文 阳春布德泽，万物生光辉。

——[汉]汉乐府《长歌行》

白话 周而复始，道生万物，生命才是最美的风景。

古诗文 池塘生春草，园柳变鸣禽。

——[南北朝]谢灵运《登池上楼》

白话 多愁善感的人，总爱伤春悲月。

古诗文 上楼多看月，临水共伤春。

——[唐]司空曙《逢江客问南中故人因以诗寄》

白话 成功时的骄傲和自豪。

古诗文 春风得意马蹄疾，一日看尽长安花。

——[唐]孟郊《登科后》

白话 思念故乡。

古诗文 春风一夜吹乡梦，又逐春风到洛城。

——[唐]武元衡《春兴》

白话 绝望中寻找希望，发现美好就在身边。

古诗文 长恨春归无觅处，不知转入此中来。

——[唐]白居易《大林寺桃花》

白话 乡村节日的热闹和村民的古朴风情。

古诗文 箫鼓追随春社近，衣冠简朴古风存。

——[宋]陆游《游山西村》

白话 生命的美好，是不会被束缚住的。

古诗文 春色满园关不住，一枝红杏出墙来。

——[宋]叶绍翁《游园不值》

白话 不经意间扑面而来的美好。

古诗文 等闲识得东风面，万紫千红总是春。

——[宋]朱熹《春日》

白话 真正的归隐，是回归自然与初心。

古诗文 携取琴书归旧隐，野花啼鸟一般春。

——[宋]陈抟《归隐》

白话 女子放弃红尘，执着坚守。

古诗文 雨打梨花深闭门，孤负青春，虚负青春。

——[明]唐寅《一剪梅·雨打梨花深闭门》

白话 世间万物哪有完美，总有一部分人心生排斥。

古诗文 味苦夏虫避，丛卑春鸟疑。

——[唐]杜甫《苦竹》

白话 夏日小村，江水环抱，生活很悠闲。

古诗文 清江一曲抱村流，长夏江村事事幽。

——[唐]杜甫《江村》

白话 世界没有一刻是绝对静止的。

古诗文 天道昼夜回转不曾住，春秋冬夏忙。

——[唐]元稹《人道短》

白话 夏转秋，天阔云高，树叶在风中作响。

古诗文 云天收夏色，木叶动秋声。

——[唐]刘言史《立秋》

白话 夏夜深沉，蚊声嗡嗡真烦人。

古诗文 沉沉夏夜兰堂开，飞蚊伺暗声如雷。

——[唐]刘禹锡《聚蚊谣》

白话 春花谢了不必遗憾，夏日绿树浓荫更可爱。

古诗文 芳菲歇去何须恨，夏木阴阴正可人。

——[宋]秦观《三月晦日偶题》

白话 秋天到，天气凉，人间满是萧瑟气。

古诗文 秋风萧瑟天气凉，草木摇落露为霜。

——[曹魏]曹丕《燕歌行》

白话 秋日时节，自然界万物变迁。

古诗文 秋风起兮白云飞，草木黄落兮雁南归。

——[汉]刘彻《秋风辞》

白话 在积极乐观的人眼中，秋天是美好的。

古诗文 自古逢秋悲寂寥，我言秋日胜春朝。

——[唐]刘禹锡《秋词》

白话 秋景触动伤心处。

古诗文 海畔尖山似剑铓，秋来处处割愁肠。

——[唐]柳宗元《与浩初上人同看山寄京华亲故》

白话 大雁匆匆掠过，对塞下秋景未留一丝眷恋。

古诗文 塞下秋来风景异，衡阳雁去无留意。

——[宋]范仲淹《渔家傲》

白话 一种挥之不去又无法形容的伤感。

古诗文 一往情深深几许？深山夕照深秋雨。

——[清]纳兰性德《蝶恋花·出塞》

白话 四季轮回，催人老。

古诗文 冬裘夏葛相催促，垂老光阴速似飞。

——[唐]白居易《闲居春尽》

白话 久别思乡，岁月漫长。

古诗文 岭外音书断，经冬复历春。

——[唐]宋之问《渡汉江》

白话 远望似雪非雪，原来是近水先开的梅花。

古诗文 不知近水花先发，疑是经冬雪未销。

——[唐]张谓《早梅》

白话 冬天虽冷，依然有其独特的美。

古诗文 清冬见远山，积雪凝苍翠。

——[唐]王维《赠从弟司库员外絿》

白话 阳生春来，节气和世事紧迫，日日相催生。

古诗文 天时人事日相催，冬至阳生春又来。

——[唐]杜甫《小至》

白话 与友人久别重逢，寒冬雨雪冷风吹。

古诗文 十年不见此邂逅，穷冬雨雪寒飕飗。

——[宋]李流谦《送樊眉州》

白话 生命无常，不如乐观面对。

古诗文 明日死生犹未必，将何缠裹过秋冬。

——[宋]苏泂《金陵杂兴》

白话 勤学三冬，腹有诗书气自华。

古诗文 三冬今足用，谁笑腹空虚。

——[宋]汪洙《神童诗》

白话 四季奔波，工作不停歇。

古诗文 行役无冬春，车马无南北。

——[宋]梅尧臣《送宋中道太博倅广平》

白话 严冬岁岁有，人间事不断。

古诗文 仲冬严寒年年事，须知事上大有事。

——[宋]释了惠《偈颂》

白话 丰年的喜悦和满足。

古诗文 冬暖梅花早，年丰酒价廉。

——[宋]徐玑《送刘明远客和州》（其二）

白话 对孤独、对陪伴的深刻感受和理解。

古诗文 冬寒前后，雪晴时候，谁人相伴梅花瘦？

——[元]乔吉《山坡羊·冬日写怀》

白话 成功需要机遇；彰显历史的偶然性与个人的渺小。

古诗文 东风不与周郎便，铜雀春深锁二乔。

——[唐]杜牧《赤壁》

白话 与友人离别，意味着各向天涯。

古诗文 数声风笛离亭晚，君向潇湘我向秦。

——[唐]郑谷《淮上与友人别》

白话 人生路艰险，人心复杂，世事难料。

古诗文 江头未是风波恶，别有人间行路难！

——[宋]辛弃疾《鹧鸪天·送人》

白话 轻盈灵动之美，超凡脱俗。

古诗文 髣髴兮若轻云之蔽月，飘飖兮若流风之回雪。

——[曹魏]曹植《洛神赋》

白话 做人就要无惧风浪，勇往直前。

古诗文 长风破浪会有时，直挂云帆济沧海。

——[唐]李白《行路难》

白话 风雨无情人易老，美好总是短暂的。

古诗文 林花谢了春红，太匆匆。无奈朝来寒雨晚来风。

——[五代]李煜《相见欢》

白话 不屈不挠、坚守节操的情怀。

古诗文 宁可枝头抱香死，何曾吹落北风中。

——[宋]郑思肖《画菊》

白话 坚忍的心总能在困难中找到希望。

古诗文 料峭春风吹酒醒，微冷，山头斜照却相迎。

——[宋]苏轼《定风波》

白话 以酒来慰藉旅途的艰辛。

古诗文 我有一瓢酒，可以慰风尘。

——[唐]韦应物《简卢陟》

白话 悲秋伤别，无计消愁，人显得憔悴瘦弱。

古诗文 莫道不销魂，帘卷西风，人比黄花瘦。

——[宋]李清照《醉花阴》

白话 深情追忆当年的缠绵悱恻。

古诗文 夜月一帘幽梦，春风十里柔情。

——[宋]秦观《八六子》

白话 批判苟且偷安之辈。

古诗文 暖风熏得游人醉，直把杭州作汴州。

——[宋]林升《题临安邸》

白话 霜神和嫦娥竞相展现她们的美丽。

古诗文 青女素娥俱耐冷，月中霜里斗婵娟。

——[唐]李商隐《霜月》

白话 塞外夜深霜重，战鼓声低沉。

古诗文 半卷红旗临易水，霜重鼓寒声不起。

——[唐]李贺《雁门太守行》

白话 深秋清晨的寒冷与静谧。

古诗文 蒹葭苍苍，白露为霜。

——[先秦]《诗经·蒹葭》

白话 对时光流逝、壮志未酬的感慨。

古诗文 艰难苦恨繁霜鬓，潦倒新停浊酒杯。

——[唐]杜甫《登高》

白话 爱人不在身边，一点物件就能引起悲伤。

古诗文 鸳鸯瓦冷霜华重，翡翠衾寒谁与共。

——[唐]白居易《长恨歌》

白话 早行的清冷。

古诗文 鸡声茅店月，人迹板桥霜。

——[唐]温庭筠《商山早行》

白话 英雄人物的超凡武艺和威震四方的气势。

古诗文 满堂花醉三千客，一剑霜寒十四州。

——[唐]贯休《献钱尚父》

白话 逆境中依然保持坚贞不屈的精神。

古诗文 荷尽已无擎雨盖，菊残犹有傲霜枝。

——[宋]苏轼《赠刘景文》

白话 濒临绝境，依然不放弃。

古诗文 末路惊风雨，穷边饱雪霜。

——[宋]文天祥《除夜》

白话 岁月匆匆，青丝染白霜。

古诗文 麻姑垂两鬓，一半已成霜。

——[唐]李白《短歌行》

白话 深秋凄冷，边塞荒凉。

古诗文 渐霜风凄紧，关河冷落，残照当楼。

——[宋]柳永《八声甘州》

白话 离开故乡又多了一年。

古诗文 故乡今夜思千里，霜鬓明朝又一年。

——[唐]高适《除夜作》

白话 一旦错过就无法回头。

古诗文 雨落不上天，水覆难再收。

——[唐]李白《妾薄命》

白话 好时机适时降临。

古诗文 好雨知时节，当春乃发生。

——[唐]杜甫《春夜喜雨》

白话 吴地夜雨，清晨送别友人，倍感孤独。

古诗文 寒雨连江夜入吴，平明送客楚山孤。

——[唐]王昌龄《芙蓉楼送辛渐》

白话 天气阴晴不定，就像人心难以捉摸。

古诗文 东边日出西边雨，道是无晴却有晴。

——[唐]刘禹锡《竹枝词》

白话 面对江南众多的古寺楼台，感慨时间的流逝和历史变迁。

古诗文 南朝四百八十寺，多少楼台烟雨中。

——[唐]杜牧《江南春》

白话 思念就像细雨，慢慢涨满心池。

古诗文 君问归期未有期，巴山夜雨涨秋池。

——[唐]李商隐《夜雨寄北》

白话 午夜梦回，征战沙场！

古诗文 夜阑卧听风吹雨，铁马冰河入梦来。

——[宋]陆游《十一月四日风雨大作》

白话 清冷孤寂的氛围。

古诗文 孤灯寒照雨，湿竹暗浮烟。

——[唐]司空曙《云阳馆与韩绅宿别》

白话 回看过往，要学会云淡风轻。

古诗文 回首向来萧瑟处，归去，也无风雨也无晴。

——[宋]苏轼《定风波》

白话 文学才华高，作品精彩。

古诗文 笔落惊风雨，诗成泣鬼神。

——[唐]杜甫《寄李十二白二十韵》

白话 江南初夏，轻笼忧愁。

古诗文 一川烟草，满城风絮，梅子黄时雨。

——[宋]贺铸《青玉案》

白话 泪如雨下，心如刀割。

古诗文 涕泪落如雨，肝肠痛似刀。

——[唐]佚名《非所夜闻笛》

白话 远行的背影，融入日暮雪景中。

古诗文 路出寒云外，人归暮雪时。

——[唐]卢纶《送李端》

白话 深情不渝，甘愿为爱付出一切。

古诗文 若似月轮终皎洁，不辞冰雪为卿热。

——[清]纳兰性德《蝶恋花》

白话 相隔又远又难行，笛声寄情。

古诗文 天山雪后海风寒，横笛偏吹行路难。

——[唐]李益《从军北征》

白话 白雪盼春化作飞花，春意提前到。

古诗文 白雪却嫌春色晚，故穿庭树作飞花。

——[唐]韩愈《春雪》

白话 劝君暂缓出门。

古诗文 天山三丈雪，岂是远行时。

——[唐]李白《独不见》

白话 看似孤独，实则超脱世俗。

古诗文 孤舟蓑笠翁，独钓寒江雪。

——[唐]柳宗元《江雪》

白话 要下雪了，一起喝一杯吧。

古诗文 晚来天欲雪，能饮一杯无？

——[唐]白居易《问刘十九》

白话 岁月匆匆。

古诗文 昔去雪如花，今来花似雪。

——[南北朝]何逊《范广州宅联句》

白话 君子的高贵品质是藏不住的。

古诗文 遥知不是雪，为有暗香来。

——[宋]王安石《梅花》

白话 不慕繁华，只学雪之高洁品质。

古诗文 更无花态度，全有雪精神。

——[宋]辛弃疾《临江仙·探梅》

白话 冬日里惬意饮酒赏雪。

古诗文 风落吴江雪，纷纷入酒杯。

——[唐]李白《对酒醉题屈突明府厅》

白话 梅花如雪落满身，愁绪难拂去。

古诗文 砌下落梅如雪乱，拂了一身还满。

——[五代]李煜《清平乐》

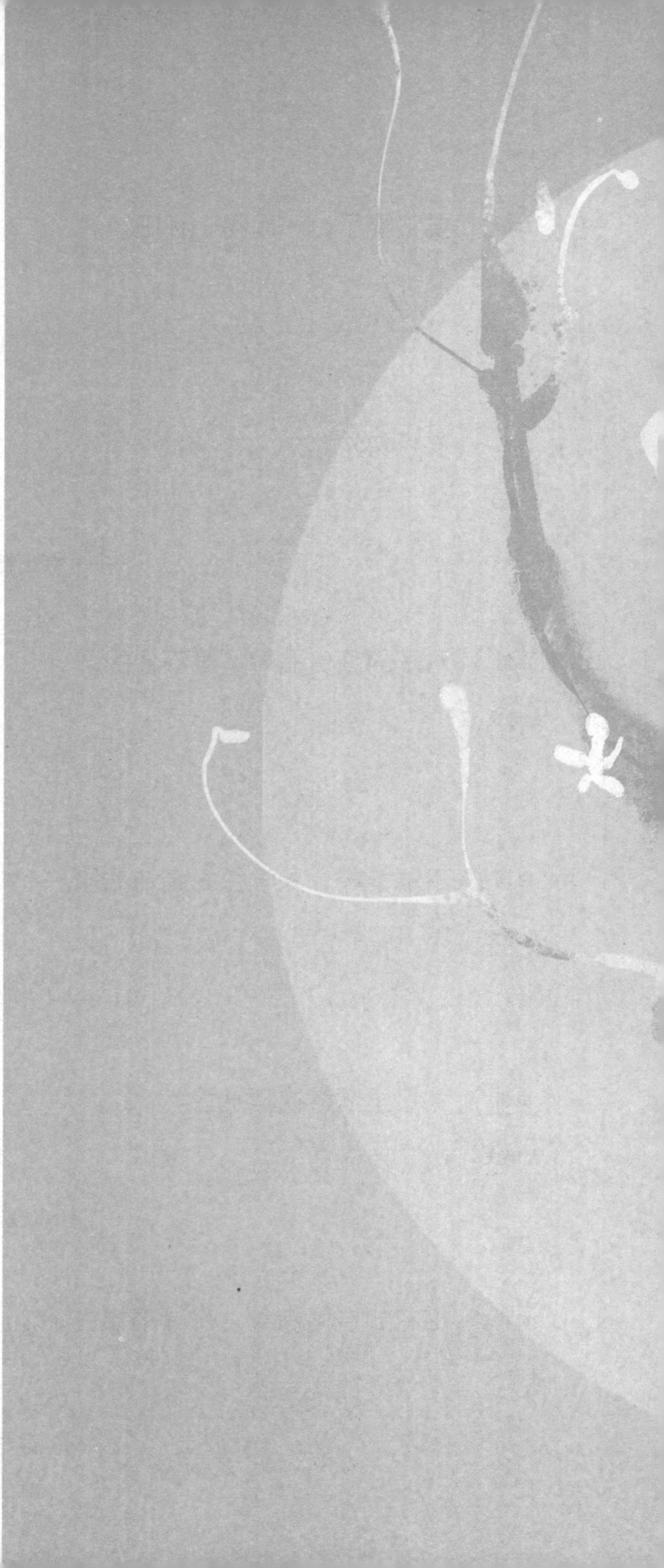

蛾儿雪柳黄金缕
笑语盈盈暗香去

白话 人事沧桑变迁，自然恒常不息。

古诗文 庭树不知人去尽，春来还发旧时花。

——[唐]岑参《山房春事》

白话 爱情中相聚与别离的复杂感受。

古诗文 相见时难别亦难，东风无力百花残。

——[唐]李商隐《无题》

白话 大地春归时，与盛景不期而遇的欣喜。

古诗文 人间四月芳菲尽，山寺桃花始盛开。

——[唐]白居易《大林寺桃花》

白话 美好风景值得驻足观赏。

古诗文 停车坐爱枫林晚，霜叶红于二月花。

——[唐]杜牧《山行》

白话 心向桃花源，逍遥为神仙。

古诗文 桃花坞里桃花庵，桃花庵里桃花仙。

——[明]唐寅《桃花庵歌》

白话 物是人非。

古诗文 人面不知何处去，桃花依旧笑春风。

——[唐]崔护《题都城南庄》

白话 真正的友谊无法量化。

古诗文 桃花潭水深千尺，不及汪伦送我情。

——[唐]李白《赠汪伦》

白话 人生总有意外惊喜。

古诗文 忽如一夜春风来，千树万树梨花开。

——[唐]岑参《白雪歌送武判官归京》

白话 时间无情，人事无常，所以要珍惜。

古诗文 年年岁岁花相似，岁岁年年人不同。

——[唐]刘希夷《代悲白头翁》

白话 经过曲折的探寻，抵达宁静修心之所。

古诗文 曲径通幽处，禅房花木深。

——[唐]常建《题破山寺后禅院》

白话 自信满满，期待在未来一枝独秀。

古诗文 待到秋来九月八，我花开后百花杀。

——[唐]黄巢《不第后赋菊》

白话 春梦无根，愁绪无边。

古诗文 自在飞花轻似梦，无边丝雨细如愁。

——[宋]秦观《浣溪沙》

白话 江南秋日风光。

古诗文 青山隐隐水迢迢，秋尽江南草未凋。

——[唐] 杜牧《寄扬州韩绰判官》

白话 初春的可爱。

古诗文 天街小雨润如酥，草色遥看近却无。

——[唐]韩愈《早春呈水部张十八员外》

白话 青春易逝，长亭相别，情深意重。

古诗文 绿杨芳草长亭路，年少抛人容易去。

——[宋]晏殊《玉楼春·春恨》

白话 微弱灯光下，边吃边聊，互吐心声。

古诗文 草草杯盘供笑语，昏昏灯火话平生。

——[宋]王安石《示长安君》

白话 母爱难以报答。

古诗文 谁言寸草心，报得三春晖。

——[唐]孟郊《游子吟》

白话 枕戈待旦，时刻保持警觉。

古诗文 林暗草惊风，将军夜引弓。

——[唐]卢纶《塞下曲》

白话 享受归隐后的田园生活。

古诗文 种豆南山下，草盛豆苗稀。

——[晋]陶渊明《归园田居》（其三）

白话 孤舟泊岸，心随微风漂泊。

古诗文 细草微风岸，危樯独夜舟。

——[唐]杜甫《旅夜书怀》

白话 晚春依旧充满活力。

古诗文 草树知春不久归，百般红紫斗芳菲。

——[唐]韩愈《晚春》

白话 儿童嬉戏玩耍的场景。

古诗文 青枝满地花狼藉，知是儿孙斗草来。

——[宋]范成大《春日田园杂兴》（其五）

白话 落日余晖里，倚着栏杆记挂远方，独自忧愁。

古诗文 草色烟光残照里，无言谁会凭阑意。

——[宋]柳永《凤栖梧》

白话 不刻意追求外界认可。

古诗文 草木有本心，何求美人折？

——[唐]张九龄《感遇十二首》

白话 灯火辉煌、烟花绽放的盛景。

古诗文 东风夜放花千树，更吹落，星如雨。

——[宋]辛弃疾《青玉案·元夕》

白话 阳光明媚了小洲，也明媚了心情。

古诗文 晴川历历汉阳树，芳草萋萋鹦鹉洲。

——[唐]崔颢《黄鹤楼》

白话 做人须有百折不挠的精神。

古诗文 沉舟侧畔千帆过，病树前头万木春。

——[唐]刘禹锡《酬乐天扬州初逢席上见赠》

白话 英雄不论出身，小巷卧虎藏龙。

古诗文 斜阳草树，寻常巷陌，人道寄奴曾住。

——[宋]辛弃疾《永遇乐·京口北固亭怀古》

白话 都市繁华热闹，几乎掩盖了离别的哀伤。

古诗文 长安陌上无穷树，唯有垂杨绾别离。

——[唐]刘禹锡《杨柳枝》

白话 犹豫迷茫。

古诗文 绕树三匝，何枝可依。

——[汉]曹操《短歌行》

白话 满山的树，都披上了秋日余晖。

古诗文 树树皆秋色，山山唯落晖。

——[唐]王绩《野望》

白话 静谧寻幽，时光悠然。

古诗文 树深时见鹿，溪午不闻钟。

——[唐]李白《访戴天山道士不遇》

白话 历史的真相被掩埋在荒草之中。

古诗文 只见草萧疏，水萦纡。至今遗恨迷烟树。

——[元]张养浩《山坡羊·骊山怀古》

白话 中秋的庭院，略显清冷的感觉。

古诗文 中庭地白树栖鸦，冷露无声湿桂花。

——[唐]王建《十五夜望月寄杜郎中》

白话 多年后，树长高了，人也老了。

古诗文 可惜流年，忧愁风雨，树犹如此。

——[唐]辛弃疾《水龙吟·登建康赏心亭》

白话 宁静而和谐的田园生活。

古诗文 狗吠深巷中，鸡鸣桑树颠。

——[晋]陶渊明《归园田居五首》（其一）

白话 春日的细雨和暖风，温柔且生机盎然。

古诗文 沾衣欲湿杏花雨，吹面不寒杨柳风。

——[宋]志南《绝句》

白话 离别曲最易引起乡愁。

古诗文 此夜曲中闻折柳，何人不起故园情。

——[唐]李白《春夜洛城闻笛》

白话 到了约会的好时间。

古诗文 月上柳梢头，人约黄昏后。

——[宋]欧阳修《生查子》

白话 女子比男子更痴情。

古诗文 郎情柳叶短，妾意柳枝长。

——[明]屈大均《柳枝词》

白话 思念丈夫，后悔当初让他去追求功名。

古诗文 忽见陌头杨柳色，悔教夫婿觅封侯。

——[唐]王昌龄《闺怨》

白话 擦肩而过的美丽身影最难忘记。

古诗文 蛾儿雪柳黄金缕，笑语盈盈暗香去。

——[宋]辛弃疾《青玉案·元夕》

白话 对离人的不舍与无奈。

古诗文 一溪烟柳万丝垂，无因系得兰舟住。

——[宋]周紫芝《踏莎行》

白话 面对春宵花月，却无处安放闲愁。

古诗文 梨花院落溶溶月，柳絮池塘淡淡风。

——[宋]晏殊《寓意》

白话 依依不舍的离别之情。

古诗文 昔我往矣，杨柳依依。

——[先秦]《诗经·采薇》

白话 愁绪萦绕，登高望远愁更浓。

古诗文 花明柳暗绕天愁，上尽重城更上楼。

——[唐]李商隐《夕阳楼》

白话 别沉溺于过去，告别旧曲，新歌更醉人。

古诗文 请君莫奏前朝曲，听唱新翻杨柳枝。

——[唐]刘禹锡《杨柳枝词》

白话 柳尽花残，盼君归。

古诗文 柳条折尽花飞尽，借问行人归不归？

——[隋]佚名《送别诗》

白话 黄昏与新夜交替时格外美丽。

古诗文 霞拖数缕日初沉，月挂一眉天未暝。

——[宋]杨公远《梅花五首》

白话 欢乐时光，与青春共舞，归家路更美好。

古诗文 白日放歌须纵酒，青春作伴好还乡。

——[唐]杜甫《闻官军收河南河北》

白话 荷香四溢，此处风景与别处不同。

古诗文 接天莲叶无穷碧，映日荷花别样红。

——[唐]杨万里《晓出净慈寺送林子方》

白话 晨光中，葵菜带着露珠，生机勃勃。

古诗文 青青园中葵，朝露待日晞。

——[汉]汉乐府《长歌行》

白话 君王贪欢，朝政荒废，警示世人。

古诗文 春宵苦短日高起，从此君王不早朝。

——[唐]白居易《长恨歌》

白话 拖延成性，终将一事无成。

古诗文 日日待明日，万事成蹉跎。

——[明]文嘉《明日》

白话 勤劳人民，顺应自然，生活有序。

古诗文 日出而作，日入而息。

——[先秦]佚名《击壤歌》

白话 逆境中依然豁达安然的乐观精神。

古诗文 日啖荔枝三百颗，不辞长作岭南人。

——[宋]苏轼《食荔枝二首》

白话 望着帆船远去，离别让人悲伤。

古诗文 日暮征帆何处泊，天涯一望断人肠。

——[唐]孟浩然《送杜十四之江南》

白话 宇宙浩瀚，万物有序。

古诗文 日月之行，若出其中；星汉灿烂，若出其里。

——[汉]曹操《观沧海》

白话 志存高远，如鹏展翅，一飞冲天。

古诗文 大鹏一日同风起，扶摇直上九万里。

——[唐]李白《上李邕》

白话 朋友诗歌助兴，酒中豪情，让我精神焕发。

古诗文 今日听君歌一曲，暂凭杯酒长精神。

——[唐]刘禹锡《酬乐天扬州初逢席上见赠》

白话 春花秋月，往事如烟，心中无限哀愁。

古诗文 春花秋月何时了，往事知多少。

——[五代]李煜《虞美人》

白话 回家是心中挥之不去的期盼。

古诗文 春风又绿江南岸，明月何时照我还。

——[宋]王安石《泊船瓜洲》

白话 流连忘返，踏月而归。

古诗文 醉中浑不记，归路月黄昏。

——[宋]辛弃疾《临江仙·探梅》

白话 乘兴而归的快乐。

古诗文 青溪归路直，乘月夜歌还。

——[唐]王绩《夜还东溪》

白话 饮酒时的豪迈和对人生的感慨。

古诗文 人生得意须尽欢，莫使金樽空对月。

——[唐]李白《将进酒》

白话 接近美，自己也变得美好。

古诗文 掬水月在手，弄花香满衣。

——[唐]于良史《春山夜月》

白话 月光清冷无情，映出内心的孤独与寂寞。

古诗文 明月不谙离恨苦，斜光到晓穿朱户。

——[宋]晏殊《蝶恋花》

白话 赏同样的月亮，感受相同的时刻。

古诗文 海上生明月，天涯共此时。

——[唐]张九龄《望月怀远》

白话 思乡之情。

古诗文 露从今夜白，月是故乡明。

——[唐]杜甫《月夜忆舍弟》

白话 思念朋友，担心朋友。

古诗文 我寄愁心与明月，随君直到夜郎西。

——[唐]李白《闻王昌龄左迁龙标遥有此寄》

白话 人生生不息，月恒常不变。

古诗文 人生代代无穷已，江月年年望相似。

——[唐]张若虚《春江花月夜》

白话 怀念心里的白月光。

古诗文 当时明月在，曾照彩云归。

——[宋]晏几道《临江仙·梦后楼台高锁》

白话 坚贞不渝的情感。

古诗文 依作北辰星，千年无转移。

——[魏晋]佚名《子夜歌》

白话 云朵变幻莫测，流星传递相思。

古诗文 纤云弄巧，飞星传恨。

——[宋]秦观《鹊桥仙》

白话 孤寂中对爱情的向往。

古诗文 天阶夜色凉如水，卧看牵牛织女星。

——[唐]杜牧《秋夕》

白话 醉后的梦幻感受。

古诗文 醉后不知天在水，满船清梦压星河。

——[元]唐珙《题龙阳县青草湖》

白话 爱酒之人对酒的热爱与赞美。

古诗文 天若不爱酒，酒星不在天。

——[唐]李白《月下独酌四首》（其二）

白话 早生华发，感叹时光易逝，青春不再。

古诗文 年过潘岳才三岁，还见星星两鬓中。

——[唐]吕温《镜中叹白发》

白话 愿你我像星与月，每晚光彩辉映。

古诗文 愿我如星君如月，夜夜流光相皎洁。

——[宋]范成大《车遥遥篇》

白话 星辰依旧，人却不同。

古诗文 似此星辰非昨夜，为谁风露立中宵。

——[清]黄景仁《绮怀》（其十五）

白话 回想曾经窗前许下的诺言。

古诗文 月户星窗，多少旧期约。

——[宋]晏几道《醉落魄》

白话 明月银河当空，漫漫长夜，难以入眠。

古诗文 明月皎皎照我床，星汉西流夜未央。

——[曹魏]曹丕《燕歌行》

白话 离别之后，担心不能再见。

古诗文 星屏别后千里，更见是何年。

——[宋]晏几道《诉衷情》

白话 对爱情的渴望。

古诗文 迢迢牵牛星，皎皎河汉女。

——[汉]佚名《迢迢牵牛星》

白话 曾经歌舞喧嚣处，如今只听见流水声。

古诗文 凤凰台上凤凰游，凤去台空江自流。

——[唐]李白《登金陵凤凰台》

白话 窗前叹息，月下相思。

古诗文 孤灯不明思欲绝，卷帷望月空长叹。

——[唐]李白《长相思》

白话 国难当头，岂会袖手旁观。

古诗文 楚虽三户能亡秦，岂有堂堂中国空无人。

——[宋]陆游《金错刀行》

白话 春又来，人还在相思憔悴。

古诗文 春如旧，人空瘦。

——[宋]陆游《钗头凤》

白话 静谧的意境。

古诗文 人闲桂花落，夜静春山空。

——[唐]王维《鸟鸣涧》

白话 要做个行动派，不留遗憾。

古诗文 花开堪折直须折，莫待无花空折枝。

——[唐]杜秋娘《金缕衣》

白话 珍惜时光，世上可没有后悔药。

古诗文 莫等闲，白了少年头，空悲切。

——[宋]岳飞《满江红》

白话 人生偶然，世事皆为空幻。

古诗文 休言万事转头空，未转头时皆梦。

——[宋]苏轼《西江月·平山堂》

白话 正在伤心，偏又看见风吹花落。

古诗文 山月不知心里事，水风空落眼前花。

——[唐]温庭筠《梦江南》

白话 来几杯酒，把一切忘得一干二净吧。

古诗文 身世酒杯中，万事皆空。

——[宋]辛弃疾《浪淘沙·山寺夜半闻钟》

白话 这辈子最大的遗憾就是未看到国家统一。

古诗文 死去元知万事空，但悲不见九州同。

——[宋]陆游《示儿》

白话 乐在独行，自得其乐。

古诗文 兴来每独往，胜事空自知。

——[唐]王维《终南别业》

行路难 不在水 不在山
只在人情反覆间

白话 相信自己，定能攀上理想的高峰。

古诗文 会当凌绝顶，一览众山小。

——[唐]杜甫《望岳》

白话 山水充满了灵性。

古诗文 水是眼波横，山是眉峰聚。

——[宋]王观《卜算子·送鲍浩然之浙东》

白话 淡泊悠闲的生活状态。

古诗文 采菊东篱下，悠然见南山。

——[晋]陶渊明《饮酒二十首》（其五）

白话 历史车轮滚滚向前，无法阻挡。

古诗文 青山遮不住，毕竟东流去。

——[宋]辛弃疾《菩萨蛮·书江西造口壁》

白话 傍晚时分，天色渐暗，微风吹拂，雨花飞溅。

古诗文 远岫出山催薄暮，细风吹雨弄轻阴。

——[宋]李清照《浣溪沙·小院闲窗春色深》

白话 天性热爱自然，崇尚恬淡自然的生活。

古诗文 少无适俗韵，性本爱丘山。

——[晋]陶渊明《归园田居五首》（其一）

白话 我的心情与青山相得益彰。

古诗文 我见青山多妩媚，料青山见我应如是。

——[宋]辛弃疾《贺新郎》（其四）

白话 感受自然，享受孤独。

古诗文 山行分曙色，一路见人稀。

——[唐]戴叔伦《山行》

白话 山水如画，春意盎然。

古诗文 江碧鸟逾白，山青花欲燃。

——[唐]杜甫《绝句二首》（其二）

白话 孤高的情怀及身处俗世的无奈。

古诗文 羡青山有思，白鹤忘机。

——[宋]汤恢《八声甘州》

白话 保持内心平静，就能随遇而安，快乐常在。

古诗文 清风明月本自无尽藏，青山绿水何处非吾乡。

——[金]赵秉文《游晋祠》

白话 感慨英雄末路，时运不济。

古诗文 力拔山兮气盖世，时不利兮骓不逝。

——[秦]项羽《虞美人曲》

白话 黄河的壮阔、时间的流逝和人生的短暂。

古诗文 君不见黄河之水天上来，奔流到海不复回。

——[唐]李白《将进酒》

白话 历史中英雄人物的兴衰更替。

古诗文 滚滚长江东逝水，浪花淘尽英雄。

——[明]杨慎《临江仙》

白话 旅途中对家乡的思念。

古诗文 无端更渡桑干水，却望并州是故乡。

——[唐]刘皂《渡桑干》

白话 美总在不起眼的地方突然出现。

古诗文 一径野花落，孤村春水生。

——[唐]杜甫《遣意二首》（其一）

白话 叹惜美好生活的消逝。

古诗文 流水落花春去也，天上人间。

——[五代]李煜《浪淘沙令》

白话 在最好的日子，看见最好的景致。

古诗文 胜日寻芳泗水滨，无边光景一时新。

——[宋]朱熹《春日》

白话 最险是人心，最难是人情。

古诗文 行路难，不在水，不在山，只在人情反覆间。

——[唐]白居易《太行路》

白话 美好的江南春景。

古诗文 日出江花红胜火，春来江水绿如蓝。

——[唐]白居易《忆江南》

白话 经历过深刻的爱情后，再难以被其他感情所动。

古诗文 曾经沧海难为水，除却巫山不是云。

——[唐]元稹《离思》

白话 视死如归。

古诗文 风萧萧兮易水寒，壮士一去兮不复还。

——[先秦]佚名《荆轲歌》

白话 本来水波不兴，突然起伏不平静。

古诗文 风乍起，吹皱一池春水。

——[五代]冯延巳《谒金门》

白话 超脱世俗的生活态度。

古诗文 不管人间是与非，白云流水自相依。

——[五代]徐夤《闲》

白话 忧愁是无法承受之重。

古诗文 白云一片去悠悠，青枫浦上不胜愁。

——[唐]张若虚《春江花月夜》

白话 将军归来时的英姿。

古诗文 回看射雕处，千里暮云平。

——[唐]王维《观猎》

白话 用景色暗示对国运之忧。

古诗文 江间波浪兼天涌，塞上风云接地阴。

——[唐]杜甫《秋兴八首》（其一）

白话 从宏阔悠远的景色联想到时局动荡。

古诗文 锦江春色来天地，玉垒浮云变古今。

——[唐]杜甫《登楼》

白话 月映水中像天空中的镜子飞落人间；云堆叠像海市蜃楼。

古诗文 月下飞天镜，云生结海楼。

——[唐]李白《渡荆门送别》

白话 前途未卜，路途艰险。

古诗文 云横秦岭家何在，雪拥蓝关马不前。

——[唐]韩愈《左迁至蓝关示侄孙湘》

白话 美人如画，春色撩人。

古诗文 云想衣裳花想容，春风拂槛露华浓。

——[唐]李白《清平调》

白话 水汽蒸腾，波涛汹涌。

古诗文 气蒸云梦泽，波撼岳阳城。

——[唐]孟浩然《望洞庭湖赠张丞相》

白话 积极向上，超脱世俗。

古诗文 晴空一鹤排云上，便引诗情到碧霄。

——[唐]刘禹锡《秋词二首》（其一）

白话 顺风顺水会带来一日千里的好心情。

古诗文 朝辞白帝彩云间，千里江陵一日还。

——[唐]李白《早发白帝城》

白话 当局者迷。

古诗文 只在此山中，云深不知处。

——[唐]贾岛《寻隐者不遇》

白话 用西汉冯唐的典故，借以表达希望委以重任。

古诗文 持节云中，何日遣冯唐。

——[宋]苏轼《江城子·密州出猎》

白话 炊烟袅袅，黄昏的田野格外宁静。

古诗文 暧暧远人村，依依墟里烟。

——[晋]陶渊明《归园田居五首》（其一）

白话 春日清晨湿润而妩媚的景色。

古诗文 桃红复含宿雨，柳绿更带朝烟。

——[唐]王维《田园乐七首》（其六）

白话 春天充满生机与活力。

古诗文 草长莺飞二月天，拂堤杨柳醉春烟。

——[清]高鼎《村居》

白话 一片烟雨，最容易引起对故人的思念。

古诗文 故人何在，烟水茫茫。

——[宋]柳永《玉蝴蝶》

白话 住在乡村，像个隐者，不再为俗事烦恼。

古诗文 家住苍烟落照间，丝毫尘事不相关。

——[宋]陆游《鹧鸪天》

白话 繁华往事，到头来只有惨淡的寒烟和衰败的枯草。

古诗文 六朝旧事随流水，但寒烟衰草凝绿。

——[宋]王安石《桂枝香》

白话 江南景致错落，一片繁华。

古诗文 烟柳画桥，风帘翠幕，参差十万人家。

——[宋]柳永《望海潮》

白话 早春的清晨充满活力。

古诗文 绿杨烟外晓寒轻，红杏枝头春意闹。

——[宋]宋祁《玉楼春·春景》

白话 暮烟笼罩树林，山川寒冷荒凉。

古诗文 平林漠漠烟如织，寒山一带伤心碧。

——[唐]李白《菩萨蛮》

白话 山间生活的宁静和美好。

古诗文 山际见来烟，竹中窥落日。

——[南北朝]吴均《山中杂诗三首》（其一）

白话 四月的乡村，烟雨蒙蒙，如在画中。

古诗文 绿遍山原白满川，子规声里雨如烟。

——[宋]翁卷《乡村四月》

白话 乡村暮色中尽现宁静之美。

古诗文 渡头余落日，墟里上孤烟。

——[唐]王维《辋川闲居赠裴秀才迪》

白话 江水东流，时间流逝，从未有一刻停止。

古诗文 无边落木萧萧下，不尽长江滚滚来。

——[唐]杜甫《登高》

白话 梦里也遇不到想念的人。

古诗文 梦入江南烟水路，行尽江南，不与离人遇。

——[宋]晏几道《蝶恋花》（其十四）

白话 一切都在黑暗中，只有渔船上有一点灯火。

古诗文 野径云俱黑，江船火独明。

——[唐]杜甫《春夜喜雨》

白话 短短的家信承载了游子长长的思念。

古诗文 江水三千里，家书十五行。

——[明]袁凯《京师得家书》

白话 给远方朋友迎春吐艳的美好祝愿。

古诗文 江南无所有，聊赠一枝春。

——[南北朝]陆凯《赠范晔诗》

白话 历尽磨难之后，心心念念唯有回家。

古诗文 长江悲已滞，万里念将归。

——[唐]王勃《山中》

白话 大好江山，英雄辈出。

古诗文 江山如画，一时多少豪杰。

——[宋]苏轼《念奴娇·赤壁怀古》

白话 对春天的喜爱。

古诗文 迟日江山丽，春风花草香。

——[唐]杜甫《绝句二首》（其一）

白话 秋风吹来，游子分外感伤。

古诗文 萧萧梧叶送寒声，江上秋风动客情。

——[宋]叶绍翁《夜书所见》

白话 优雅的音乐，仿佛能入江、能穿云。

古诗文 锦城丝管日纷纷，半入江风半入云。

——[唐]杜甫《赠花卿》

白话 夕阳江景，光影流转。

古诗文 一道残阳铺水中，半江瑟瑟半江红。

——[唐]白居易《暮江吟》

白话 离别时，唯有江中月影跟随。

古诗文 醉不成欢惨将别，别时茫茫江浸月。

——[唐]白居易《琵琶行》

白话 河流见证了历史的沉浮与时光的流转。

古诗文 树色到京三百里，河流归汉几千年。

——[唐]殷尧藩《和赵相公登鹳雀楼》

白话 鲛人和海市蜃楼再美好，终归只是虚幻。

古诗文 河鲛纵玩难为室，海蜃遥惊耻化楼。

——[唐]李商隐《奉同诸公题河中任中丞新创河亭四韵之作》

白话 听着岸上树叶纷纷落下的声音，客居的人都忍不住心酸落泪。

古诗文 河畔时时闻木落，客中无不泪沾裳。

——[唐]王泠然《汴堤柳》

白话 无法超脱世俗，独自在河上吟唱排解愁苦。

古诗文 仙槎不可托，河上独长谣。

——[唐]骆宾王《晚泊河曲》

白话 今早远行的人唱起离别的歌，昨夜薄霜才跨过河流。

古诗文 朝闻游子唱离歌，昨夜微霜初渡河。

——[唐]李颀《送魏万之京》

白话 山河如同衣襟和腰带一样环绕、护卫着国家重点地区。

古诗文 聿徕股肱郡，河岳即襟带。

——[唐]储光羲《奉和韦判官献侍郎叔除河东采访使》

白话 落花随河水向东流。

古诗文 河水浮落花，花流东不息。

——[唐]万楚《河上逢落花》

白话 清晨河流清澈，水雾清新。

古诗文 河流晓天，濮水清烟。

——[唐]韩翃《河上寄故人》

白话 夜深人静时，天空渐渐亮起，我们等待黎明的希望。

古诗文 晚望秋高夜，微明欲曙河。

——[唐]陈润《赋得秋河曙耿耿》

白话 不必吟唱帝王家的爱情悲剧，平凡世界里也充满分离苦楚。

古诗文 莫唱当年长恨歌，人间亦自有银河。

——[清]袁枚《马嵬》

白话 天地间最美是银河。

古诗文 天河夜转漂回星，银浦流云学水声。

——[唐]李贺《天上谣》

白话 记得巅峰时刻那曲最辉煌的歌。

古诗文 曾随织女渡天河，记得云间第一歌。

——[唐]刘禹锡《听旧宫中乐人穆氏唱歌》

白话 西湖美如西施，自然天成。

古诗文 欲把西湖比西子，淡妆浓抹总相宜。

——[宋]苏轼《饮湖上初晴后雨》

白话 喜爱西湖东畔那片沙堤。

古诗文 最爱湖东行不足，绿杨阴里白沙堤。

——[唐]白居易《钱塘湖春行》

白话 湖光秋月如镜子一样静谧。

古诗文 湖光秋月两相和，潭面无风镜未磨。

——[唐]刘禹锡《望洞庭》

白话 雨散云飞，湖水碧波如镜。

古诗文 卷地风来忽吹散，望湖楼下水如天。

——[宋]苏轼《六月二十七日望湖楼醉书五绝》

白话 水天相接，包容一切。

古诗文 八月湖水平，涵虚混太清。

——[唐]孟浩然《望洞庭湖赠张丞相》

白话 凭吊古迹，感受历史的沧桑和变迁。

古诗文 登临吴蜀横分地，徙倚湖山欲暮时。

——[宋]陈与义《登岳阳楼》

白话 小心驶得万年船。

古诗文 江湖多风波，舟楫恐失坠。

——[唐]杜甫《梦李白》（其二）

白话 内心纷扰不安。

古诗文 明朝事与孤烟冷，做满湖、风雨愁人。

——[宋]吴文英《渡江云·西湖清明》

白话 秋季萧瑟、凄凉之感。

古诗文 八月渡长湖，萧条万象疏。

——[宋]苏轼《望湖亭》

白话 期待远方的消息。

古诗文 鸿雁几时到，江湖秋水多。

——[唐]杜甫《天末怀李白》

白话 对前途充满信心。

古诗文 终当游五湖，濯足沧浪泉。

——[唐]李白《郢门秋怀》

白话 快乐地泛舟，迎接客人到来。

古诗文 轻舸迎上客，悠悠湖上来。

——[唐]王维《临湖亭》

白话 时间一去不复返。

古诗文 百川东到海，何时复西归。

——[汉]汉乐府《长歌行》

白话 明月与潮水升腾，极富生命力的一刻。

古诗文 春江潮水连海平，海上明月共潮生。

——[唐]张若虚《春江花月夜》

白话 心灵相通，千山万水也无法阻隔。

古诗文 海内存知己，天涯若比邻。

——[唐]王勃《送杜少府之任蜀州》

白话 人生无常，没有一天不起风波。

古诗文 有人问我事如何，人海阔，无日不风波。

——[元]姚燧《阳春曲》

白话 太阳驱逐长夜，旧年未过，新春已来。

古诗文 海日生残夜，江春入旧年。

——[唐]王湾《次北固山下》

白话 情感失落、理想追求及对美好事物的向往。

古诗文 沧海月明珠有泪，蓝田日暖玉生烟。

——[唐]李商隐《锦瑟》

白话 对祖国大好河山的赞美。

古诗文 三万里河东入海，五千仞岳上摩天。

——[宋]陆游《秋夜将晓出篱门迎凉有感二首》（其二）

白话 誓言虽美，但常常难以实现。

古诗文 海誓山盟总是赊。

——[宋]辛弃疾《南乡子》

白话 山远云开，大海波平，景色壮阔。

古诗文 遥山万叠云散，涨海千里，潮平波浩渺。

——[宋]柳永《留客住》

白话 对远方亲人的思念和未收到信的失落。

古诗文 情知海上三年别，不寄云间一纸书。

——[唐]张旭《春草》

白话 花事更迭，春天已过半。

古诗文 海棠未雨，梨花先雪，一半春休。

——[宋]王雱《眼儿媚》

白话 思念像潮水，在你我之间涌动。

古诗文 海水梦悠悠，君愁我亦愁。

——[魏晋]佚名《西洲曲》

梦里不知身是客
一晌贪欢

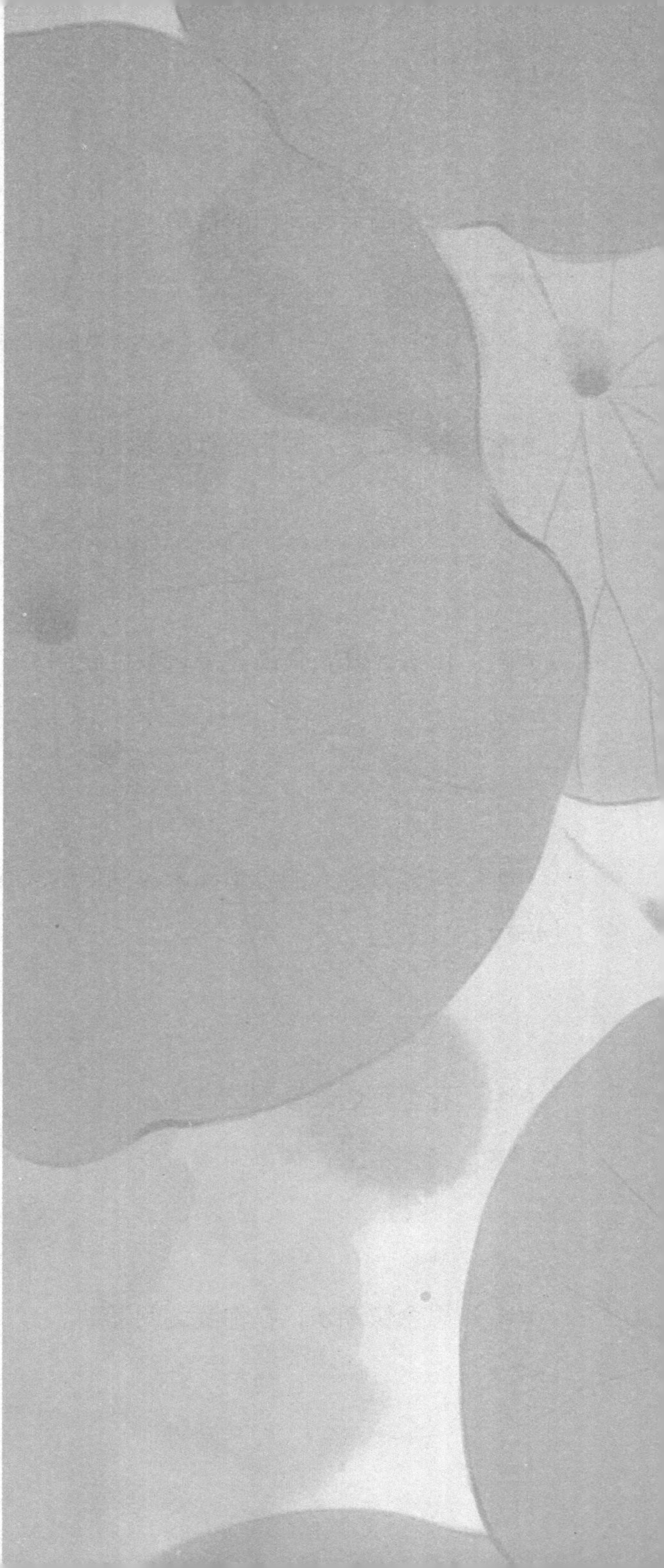

白话 约会时甜蜜而短暂，离别时难舍难分。

古诗文 柔情似水，佳期如梦，忍顾鹊桥归路。

——[宋]秦观《鹊桥仙》

白话 爱人不见，只能梦中找寻。

古诗文 相寻梦里路，飞雨落花中。

——[宋]晏几道《临江仙》

白话 南风寄情，不尽相思。

古诗文 南风知我意，吹梦到西洲。

——[魏晋]佚名《西洲曲》

白话 怀才不遇，不坠青云之志。

古诗文 闲来垂钓碧溪上，忽复乘舟梦日边。

——[唐]李白《行路难》

白话 病中做梦都梦不到你，情深缘浅。

古诗文 我今因病魂颠倒，唯梦闲人不梦君。

——[唐]元稹《酬乐天频梦微之》

白话 理想与现实有落差，令人感慨又无奈。

古诗文 庄生晓梦迷蝴蝶，望帝春心托杜鹃。

——[唐]李商隐《锦瑟》

白话 梦里化蝶，超然物外。

古诗文 梦里栩然蝴蝶、一身轻。

——[宋]苏轼《南歌子》

白话 人生不过一场梦，洒一杯酒祭江上明月。

古诗文 人生如梦，一尊还酹江月。

——[宋]苏轼《念奴娇·赤壁怀古》

白话 距离遥远，书信太少，只能梦中相见。

古诗文 关山魂梦长，鱼雁音尘少。

——[宋]晏几道《生查子》

白话 梦中忘掉自己身份，回到从前快乐日子。

古诗文 梦里不知身是客，一晌贪欢。

——[五代]李煜《浪淘沙令》

白话 时间白白流逝，人生如梦一样虚幻。

古诗文 世事漫随流水，算来一梦浮生。

——[五代]李煜《乌夜啼》

白话 梦到故人，才知道自己有多想念。

古诗文 故人入我梦，明我长相忆。

——[唐]杜甫《梦李白二首》（其一）

白话 建功立业之后，就归隐江湖。

古诗文 永忆江湖归白发，欲回天地入扁舟。

——[唐]李商隐《安定城楼》

白话 当年那场聚会，来的都不是一般人。

古诗文 忆昔午桥桥上饮，坐中多是豪英。

——[宋]陈与义《临江仙·夜登小阁忆洛中旧游》

白话 白天想你，晚上也想你，时时刻刻都想你。

古诗文 忆君心似西江水，日夜东流无歇时。

——[唐]鱼玄机《江陵愁望寄子安》

白话 我深深思念你，即使相隔很远，也希望分享快乐。

古诗文 耿耿忆琼树，天涯寄一欢。

——[唐]李白《三山望金陵寄殷淑》

白话 离别后，梦到你好多次了。

古诗文 从别后，忆相逢，几回魂梦与君同。

——[宋]晏几道《鹧鸪天》

白话 十年征战，期待归途。

古诗文 九月寒砧催木叶，十年征戍忆辽阳。

——[唐]沈佺期《古意呈补阙乔知之》

白话 因思念而心情低落，看世界都失去了色彩。

古诗文 看朱成碧思纷纷，憔悴支离为忆君。

——[唐]武则天《如意娘》

白话 回想往事，曾经年少轻狂，但无比快乐。

古诗文 如今却忆江南乐，当时年少春衫薄。

——[唐]韦庄《菩萨蛮》（其三）

白话 杜鹃花开、子规悲啼，暮春时节思故乡。

古诗文 一叫一回肠一断，三春三月忆三巴。

——[唐]李白《宣城见杜鹃花》

白话 一喝酒，就能想到远方的朋友。

古诗文 遥知湖上一樽酒，能忆天涯万里人。

——[宋]欧阳修《春日西湖寄谢法曹歌》

白话 中秋的酒杯里，有花，有月，还有满满的思念。

古诗文 忆对中秋丹桂丛，花在杯中，月在杯中。

——[宋]辛弃疾《一剪梅·中秋无月》

白话 当年盛世，小城市也有万家人口，物产丰饶。

古诗文 忆昔开元全盛日，小邑犹藏万家室。

——[唐]杜甫《忆昔二首》（其二）

白话 女子愁思万千！

古诗文 寂寞深闺，柔肠一寸愁千缕。

——[宋]李清照《点绛唇》

白话 音乐是思念最好的表达方式。

古诗文 更吹羌笛关山月，无那金闺万里愁。

——[唐]王昌龄《从军行》

白话 出嫁前，杨贵妃尚未被世人所知。

古诗文 杨家有女初长成，养在深闺人未识。

——[唐]白居易《长恨歌》

白话 思念中的女子，总想留住春天。

古诗文 闺中女儿惜春暮，愁绪满怀无释处。

——[清]曹雪芹《红楼梦·葬花吟》

白话 人间处处是离别。

古诗文 漫道闺中飞破镜，犹看陌上别行人。

——[唐]王昌龄《送裴图南》

白话 忙着思念，没有心思玩乐。

古诗文 荡舟为乐非吾事，自叹空闺梦寐频。

——[唐]宋之问《和赵员外桂阳桥遇佳人》

白话 惜花人惜的不是花，是自己。

古诗文 幽闺女儿爱颜色，坐见落花长叹息。

——[唐]贾曾《有所思》

白话 青春是人生最美的风景。

古诗文 君不见红闺少女端正时，夭夭桃李仙容姿。

——[唐]王諲《后庭怨》

白话 好景难留，对未来的不确定。

古诗文 能阅几时新碧树，不知何日寂金闺。

——[唐]鲍溶《晚山蝉》

白话 名声显赫，在世事中展现高尚情操。

古诗文 名振金闺步玉京，暂留沧海见高情。

——[唐]许浑《送卢先辈自衡岳赴复州嘉礼》

白话 空在闺中思念与想象，怎知战场的凶恶境况。

古诗文 闺中只是空相忆，不见沙场愁杀人。

——[唐]岑参《题苜蓿峰寄家人》

白话 回忆在闺中时，不曾知尘事纷扰。

古诗文 忆妾深闺里，烟尘不曾识。

——[唐]李白《长干行》

白话 江水成为思念的载体。

古诗文 思君不可得，愁见江水碧。

——[唐]李白《江行寄远》

白话 壮志难酬的悲伤之情。

古诗文 慨当以慷，忧思难忘。

——[汉]曹操《短歌行》

白话 漫漫长夜，有情人承受着相思之苦。

古诗文 情人怨遥夜，竟夕起相思。

——[唐]张九龄《望月怀远》

白话 男子对女子的思念和求而不得的情感。

古诗文 南有乔木，不可休思。汉有游女，不可求思。

——[先秦]《诗经·汉广》

白话 痛苦的时候，眼前的景再好，也没心情欣赏。

古诗文 今年游寓独游秦，愁思看春不当春。

——[唐]杜审言《春日京中有怀》

白话 中秋之夜，家家都有思念的人。

古诗文 今夜月明人尽望，不知秋思在谁家。

——[唐]王建《十五夜望月寄杜郎中》

白话 歌颂宁死不屈的男儿气概。

古诗文 至今思项羽，不肯过江东。

——[宋]李清照《夏日绝句》

白话 相思让人衰老得更快。

古诗文 思君令人老，岁月忽已晚。

——[汉]佚名《行行重行行》

白话 内心强烈的思念，一刻都不想分离。

古诗文 一日不见兮，思之如狂。

——[汉]司马相如《凤求凰》

白话 对平凡之美的发现与珍视。

古诗文 杨花榆荚无才思，惟解漫天作雪飞。

——[唐]韩愈《游城南十六首·晚春》

白话 雄心壮志，誓要实现人生理想。

古诗文 俱怀逸兴壮思飞，欲上青天揽明月。

——[唐]李白《宣州谢朓楼饯别校书叔云》

白话 思念和怨恨无尽，直到你归来时才能停歇。

古诗文 思悠悠，恨悠悠，恨到归时方始休。

——[唐]白居易《长相思·闺怨》

白话 伤春悲秋的文章，对解决国家战乱毫无作用。

古诗文 不见年年辽海上，文章何处哭秋风。

——[唐]李贺《南园十三首》

白话 战争会带来各种人间惨剧。

古诗文 母别子，子别母，白日无光哭声苦。

——[唐]白居易《母别子》

白话 战乱使家家户户传来哭声，民众在乱世中无奈坚守。

古诗文 野哭千家闻战伐，夷歌数处起渔樵。

——[唐]杜甫《阁夜》

白话 为亦师亦友的朋友去世而哭。

古诗文 平生风义兼师友，不敢同君哭寝门。

——[唐]李商隐《哭刘蕡》

白话 梦到逝者，诗也写不下去，只想再哭一场。

古诗文 梦好难留，诗残莫续，赢得更深哭一场。

——[清]纳兰性德《沁园春》

白话 国土沦丧，连嫦娥也无处可去。

古诗文 嫦娥老大无归处，独倚银轮哭桂花。

——[清]钱谦益《后秋兴之十三八首》（其二）

白话 相聚的快乐总是短暂的，转眼又面临离别的痛。

古诗文 想人生最苦别离。不甫能喜喜欢欢，翻做了哭哭啼啼。

——[元]刘庭信《折桂令》

白话 甑中无米，快要饿死的情景。

古诗文 明朝甑复空，母子相持哭。

——[宋]陆游《十月二十八日风雨大作》

白话 面对困难时，坚定不移。

古诗文 十年勾践亡吴计，七日包胥哭楚心。

——[宋]郑思肖《二砺二首》（其一）

白话 接到书信激动得哭起来。

古诗文 远信入门先有泪，妻惊女哭问何如。

——[唐]元稹《得乐天书》

白话 生命无常，人生总是悲喜交织。

古诗文 春岩彩鸡舞，月峡哀猿哭。

——[宋]苏轼《次韵刘景文登介亭》

白话 有人去年还在扫墓，今年却已成了墓中人。

古诗文 平原累累添新冢，半是去年来哭人。

——[唐]云表《寒食日》

白话 喜新厌旧。

古诗文 但见新人笑，那闻旧人哭。

——[唐]杜甫《佳人》

白话 乐声的优美动听。

古诗文 昆山玉碎凤凰叫，芙蓉泣露香兰笑。

——[唐]李贺《李凭箜篌引》

白话 有的人用高冷掩盖情伤，一喝酒却露了马脚。

古诗文 多情却似总无情，唯觉樽前笑不成。

——[唐]杜牧《赠别二首》（其二）

白话 多年没有回家，被小孩当作外乡人。

古诗文 儿童相见不相识，笑问客从何处来。

——[唐]贺知章《回乡偶书》

白话 多少大事最后都成为茶余饭后的谈资。

古诗文 古今多少事，都付笑谈中。

——[明]杨慎《临江仙》

白话 有些人因为出色，被周围人排斥。

古诗文 淮阴市井笑韩信，汉朝公卿忌贾生。

——[唐]李白《行路难》（其二）

白话 少女害羞低头，头饰都掉进了水里。

古诗文 逢郎欲语低头笑，碧玉搔头落水中。

——[唐]白居易《采莲曲》

白话 情深缘浅，无奈伤情。

古诗文 笑渐不闻声渐悄，多情却被无情恼。

——[宋]苏轼《蝶恋花》

白话 和人打交道，要乐观旷达。

古诗文 出门一笑莫心哀，浩荡襟怀到处开。

——[清]林则徐《赴戍登程口占示家人》

白话 林边遇老人家，聊得不想回家。

古诗文 偶然值林叟，谈笑无还期。

——[唐]王维《终南别业》

白话 美人的笑容很美，眼睛很有神。

古诗文 巧笑倩兮，美目盼兮。

——[先秦]《诗经·硕人》

白话 傲气凌云，像楚狂那样蔑视世俗礼教。

古诗文 我本楚狂人，凤歌笑孔丘。

——[唐]李白《庐山谣寄卢侍御虚舟》

白话 一想家，就泪水涟涟。

古诗文 故园东望路漫漫，双袖龙钟泪不干。

——[唐]岑参《逢入京使》

白话 壮志未酬的悲壮让人落泪。

古诗文 出师未捷身先死，长使英雄泪满襟。

——[唐]杜甫《蜀相》

白话 女孩子孤独哀伤，泪水滑落。

古诗文 玉容寂寞泪阑干，梨花一枝春带雨。

——[唐]白居易《长恨歌》

白话 难舍难分，哽咽着，不知如何表达。

古诗文 执手相看泪眼，竟无语凝噎。

——[宋]柳永《雨霖铃》

白话 游子思念故乡。

古诗文 乡泪客中尽，孤帆天际看。

——[唐]孟浩然《早寒江上有怀》

白话 国破山河碎，个人命运与国家命运相连。

古诗文 无限山河泪，谁言天地宽。

——[明]夏完淳《别云间》

白话 妇人委婉地拒绝追求者。

古诗文 还君明珠双泪垂，恨不相逢未嫁时。

——[唐]张籍《节妇吟》

白话 同为伤心者，彼此理解。

古诗文 我是人间惆怅客，知君何事泪纵横，断肠声里忆平生。

——[清]纳兰性德《浣溪沙》

白话 伤心之人，看花都是泪。

古诗文 细看来，不是杨花，点点是离人泪。

——[宋]苏轼《水龙吟》

白话 一切都已改变，失落难以言表。

古诗文 物是人非事事休，欲语泪先流。

——[宋]李清照《武陵春》

白话 物是人非，无限惋惜。

古诗文 不见去年人，泪湿春衫袖。

——[宋]欧阳修《生查子》

白话 男子汉不在分别时哭哭啼啼。

古诗文 丈夫非无泪，不洒离别间。

——[唐]陆龟蒙《别离曲》

白话 相思最难熬。

古诗文 明月楼高休独倚，酒入愁肠，化作相思泪。

——[宋]范仲淹《苏幕遮》

白话 忧愁深重，白发仿佛一夜间疯长。

古诗文 白发三千丈，缘愁似个长。

——[唐]李白《秋浦歌》

白话 无论怎样努力，忧愁总如流水般不断。

古诗文 抽刀断水水更流，举杯消愁愁更愁。

——[唐]李白《宣州谢朓楼饯别校书叔云》

白话 愁绪就像江边柳絮，想躲也躲不开。

古诗文 扬子江头杨柳春，杨花愁杀渡江人。

——[唐]郑谷《淮上与友人别》

白话 音乐停歇，如暗恨滋长，比有声更耐人寻味。

古诗文 别有幽愁暗恨生，此时无声胜有声。

——[唐]白居易《琵琶行》

白话 愁怨堆积在心，犹如一团乱麻。

古诗文 剪不断，理还乱，是离愁。

——[五代]李煜《相见欢》

白话 愁绪很重，船儿都承受不住。

古诗文 只恐双溪舴艋舟，载不动许多愁。

——[宋]李清照《武陵春·春晚》

白话 看见风中落花，便担忧春色又少了。

古诗文 一片花飞减却春，风飘万点正愁人。

——[唐]杜甫《曲江二首》（其一）

白话 秋天来了，看着入秋的景致，人更愁了。

古诗文 一声梧叶一声秋，一点芭蕉一点愁。

——[元]徐再思《水仙子》

白话 花易谢如情易变，愁绪如流水般无尽头。

古诗文 花红易衰似郎意，水流无限似侬愁。

——[唐]刘禹锡《竹枝词》

白话 离别是忧伤的，但广阔天地会另有一番作为。

古诗文 浩荡离愁白日斜，吟鞭东指即天涯。

——[清]龚自珍《己亥杂诗》（其五）

白话 相思之愁郁结不散。

古诗文 青鸟不传云外信，丁香空结雨中愁。

——[五代]李璟《摊破浣溪沙·手卷真珠上玉钩》

系我一生心
负你千行泪

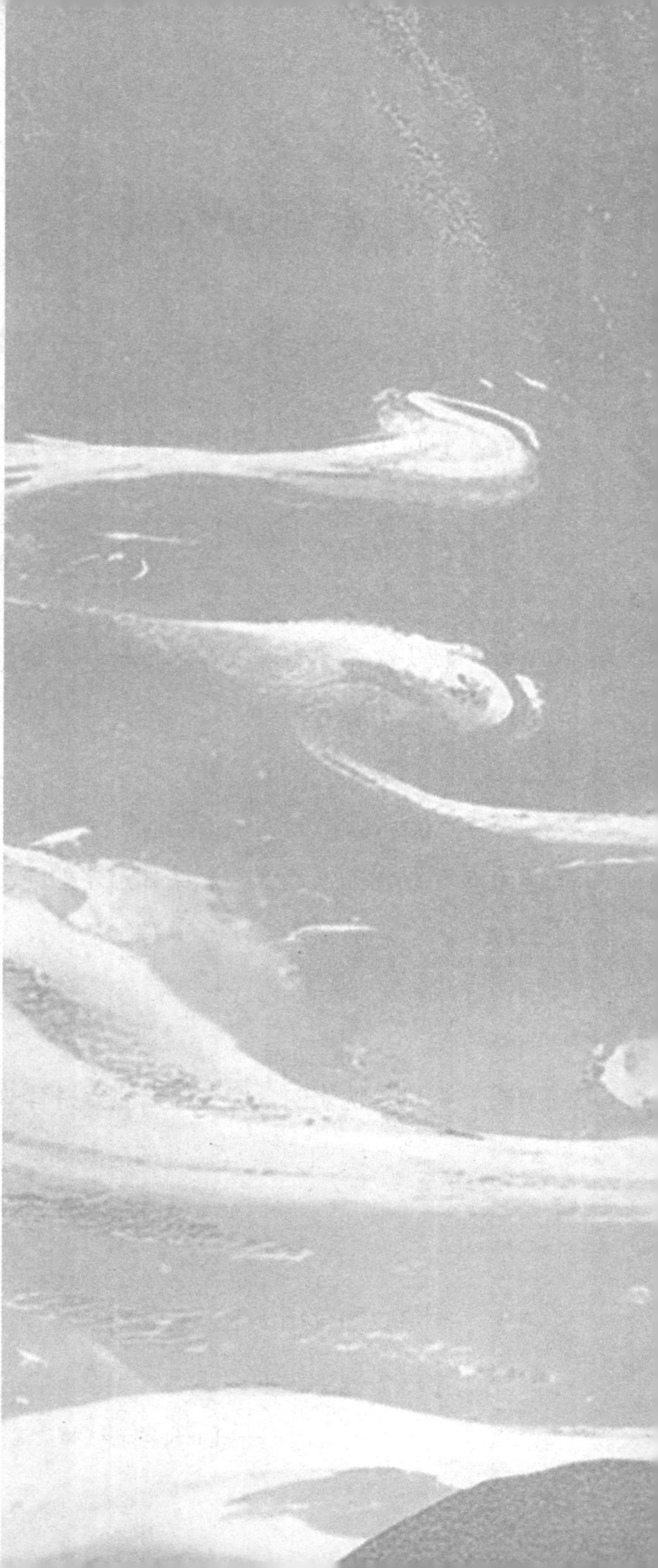

白话 我心不是铜镜，美丑不能全部容纳。

古诗文 我心匪鉴，不可以茹。

——[先秦]《诗经·柏舟》

白话 对某人深深的思念。

古诗文 青青子衿，悠悠我心。

——[汉]曹操《短歌行》

白话 情感交织如密网，心结重重难解开。

古诗文 心似双丝网，中有千千结。

——[宋]张先《千秋岁》

白话 我就在你面前，你却不知道我爱你。

古诗文 山有木兮木有枝，心悦君兮君不知。

——[先秦]佚名《越人歌》

白话 对心意相通、彼此珍视的深切期盼。

古诗文 只愿君心似我心，定不负相思意。

——[宋]李之仪《卜算子》

白话 相爱虽不能比翼双飞，但心有默契。

古诗文 身无彩凤双飞翼，心有灵犀一点通。

——[唐]李商隐《无题二首》（其一）

白话 地位低微，但胸怀大志，知音难觅。

古诗文 迹留黄绶人多叹，心在青云世莫知。

——[唐]高适《同颜六少府旅宦秋中之作》

白话 人应像云与水般自由，不为外物所累。

古诗文 天平山上白云泉，云自无心水自闲。

——[唐]白居易《白云泉》

白话 离别之时，彻夜难眠。

古诗文 蜡烛有心还惜别，替人垂泪到天明。

——[唐]杜牧《赠别二首》（其二）

白话 相思情深终化灰。

古诗文 春心莫共花争发，一寸相思一寸灰。

——[唐]李商隐《无题四首》（其二）

白话 渴望超脱世俗纷扰，追求心灵的宁静与清澈。

古诗文 愿我六根常寂静，心如宝月映琉璃。

——[宋]王安石《望江南》（其二）

白话 情深缘浅，负疚难言。

古诗文 系我一生心，负你千行泪。

——[宋]柳永《忆帝京》

白话 水仙花超凡脱俗、香气袭人。

古诗文 脑子醲薰众香国，江妃寒损水精宫。

——[宋]杨万里《三花斛三首·水仙》

白话 阴天烦闷，龙脑香在金兽香炉中缭绕。

古诗文 薄雾浓云愁永昼，瑞脑销金兽。

——[宋]李清照《醉花阴·薄雾浓云愁永昼》

白话 女子生活富足奢华，却内心凄楚。

古诗文 玉鸭熏炉闲瑞脑，朱樱斗帐掩流苏。

——[宋]李清照《浣溪沙·髻子伤春慵更梳》

白话 外在物质层面上的富足，无法填补内心的失落感受。

古诗文 便是脑满肠肥，尚难消受，此荒烟落照。

——[清]纳兰性德《百字令·宿汉儿村》

白话 哀叹成功后被抛弃或背叛的情况。

古诗文 真忧乌喙将无情，免死狗烹肝脑裂。

——[元]谢应芳《过吴江三高祠》

白话 富贵人出行时的排场。

古诗文 五花骄马金络脑，出门仆从生辉光。

——[宋]王炎《远别离》

白话 至暗时刻真理没显露，智慧深邃难触及。

古诗文 夜半正明还不露，金刚脑后铁昆仑。

——[宋]释祖钦《偈颂七十二首》

白话 赞美梅花香气，即使是最浓的香料也比不上它。

古诗文 脑子斛量犹觉臭，安知人世有沉檀。

——[宋]方蒙仲《和刘后村梅花百咏》

白话 风度翩翩的新郎骑着装饰华丽的骏马，正值青春年华。

古诗文 天马乘龙金络脑，贾家贵婿正娇春。

——[元]杨维桢《春侠杂词》

白话 春风细雨仿佛给大地披上了华丽的衣裳。

古诗文 春风金络脑，小雨锦障泥。

——[元]张宪《立仗马》

白话 总是回头张望，结果连宝贵的东西都弄丢了。

古诗文 频频转脑回头，不知失了白象。

——[宋]释可湘《拾得赞》

白话 对于强大力量的敬畏和崇拜。

古诗文 师子吼，无畏说，百兽闻之皆脑裂。

——[唐]玄觉《永嘉证道歌》

白话 道路险峻难行。

古诗文 扪参历井仰胁息，以手抚膺坐长叹。

——[唐]李白《蜀道难》

白话 听您弹奏《风入松》，仿佛听见松涛翻涌。

古诗文 为我一挥手，如听万壑松。

——[唐]李白《听蜀僧濬弹琴》

白话 势利之交反复无常。

古诗文 翻手作云覆手雨，纷纷轻薄何须数。

——[唐]杜甫《贫交行》

白话 低头弹奏，琴声不断诉说的是心底事。

古诗文 低眉信手续续弹，说尽心中无限事。

——[唐]白居易《琵琶行》

白话 持并州产的锋利刀，佐以吴地产的盐，用纤细手切新橙。

古诗文 并刀如水，吴盐胜雪，纤手破新橙。

——[宋]周邦彦《少年游》

白话 荡完秋千，慵懒地放松一下双手。

古诗文 蹴罢秋千，起来慵整纤纤手。

——[宋]李清照《点绛唇》

白话 南渡之后，真正有才能的人寥寥无几。

古诗文 渡江天马南来，几人真是经纶手？

——[宋]辛弃疾《水龙吟·甲辰岁寿韩南涧尚书》

白话 总是怀念曾携手同游西湖，当时寒波澄碧，千株红梅绽放。

古诗文 长记曾携手处，千树压、西湖寒碧。

——[宋]姜夔《暗香·旧时月色》

白话 如今，携手同游处，剩几人未折戟？

古诗文 携手处，今谁在。

——[宋]秦观《千秋岁·水边沙外》

白话 邀月对酒唱歌。

古诗文 我醉拍手狂歌，举杯邀月，对影成三客。

——[宋]苏轼《念奴娇·中秋》

白话 手拿丝制白团扇，扇与手都像玉一样漂亮。

古诗文 手弄生绡白团扇，扇手一时似玉。

——[宋]苏轼《贺新郎·夏景》

白话 辞别亲手栽种的那棵柳树，已经有好几年了。

古诗文 手种堂前垂柳，别来几度春风。

——[宋]欧阳修《朝中措·送刘仲原甫出守维扬》

白话 女子的木屐雅致华美，脚纯净如同霜雪一般。

古诗文 一双金齿屐，两足白如霜。

——[唐]李白《浣纱石上女》

白话 赞美耕牛。牛蹄灵巧如骏马，毛发难得堪比麒麟。

古诗文 逸足还同骥，奇毛自偶麟。

——[唐]许圉师《咏牛应制》

白话 风尘仆仆地骑马赶路，帽带汗湿了衣襟。

古诗文 马足早尘深，飘缨又满襟。

——[唐]权德舆《马上赠虚公》

白话 春雨下足了，夜里农人就披着蓑衣冒雨去抢种。

古诗文 雨足高田白，披蓑半夜耕。

——[唐]崔道融《田上》

白话 夕阳映照，很适合登山赏景。

古诗文 东山草树曛，致足登临乐。

——[宋]司马光《奉和经略庞龙图延州南城八咏》（其七）

白话 才华被重用，反而让自己更累。

古诗文 文采为世用，适足累形躯。

——[宋]王安石《山鸡》

白话 游客准备回家，脚浸在湖水中玩着映在水面上的夕阳。

古诗文 游人欲归去，濯足弄残阳。

——[宋]郭祥正《和杨公济钱塘西湖百题》（其九十七）

白话 蜗牛分泌的黏液不多，勉强能让自己湿润。

古诗文 腥涎不满壳，聊足以自濡。

——[宋]苏轼《雍秀才画草虫八物》（其七）

白话 赤脚踩在江边的沙滩上，仰望星空。

古诗文 白足礼江沙，七星在云表。

——[宋]黄庭坚《彭女礼北斗图颂》

白话 人人都倚着栏杆欣赏，谁能配得上这秋天的景色呢？

古诗文 共是凭栏人，谁足当秋色。

——[宋]秦观《光华寺》

白话 不必太沉迷，稍微享受一下就好。

古诗文 未足多沉湎，聊堪小拍浮。

——[宋]赵鼎臣《以双蟹杯酒饷阿宝作诗戏之》

白话 湘江雨水多，七泽之地在秋日里烟雾缭绕。

古诗文 雨足三湘岸，烟含七泽秋。

——[宋]周紫芝《题钱少愚四画·秋观》

白话 十五岁才打开心门，愿意与你共度平凡生活。

古诗文 十五始展眉，愿同尘与灰。

——[唐]李白《长干行》

白话 夜空清澈如水，新月如眉，时间缓缓流逝。

古诗文 碧天如水月如眉，城头银漏迟。

——[宋]秦观《醉桃源·以阮郎归歌之亦可》

白话 透过装饰精美的窗户赏月的女子。

古诗文 蛾眉蔽珠栊，玉钩隔琐窗。

——[南北朝]鲍照《玩月城西门廨中》

白话 她的眉毛美得胜过萱草，红裙艳得让石榴花都嫉妒。

古诗文 眉黛夺将萱草色，红裙妒杀石榴花。

——[唐]万楚《五日观妓》

白话 化完妆，轻声问丈夫：眉毛画得时髦不?

古诗文 妆罢低声问夫婿，画眉深浅入时无。

——[唐]朱庆馀《近试上张籍水部》

白话 芙蓉像她的脸，柳叶似她的眉，因睹物思人而伤心落泪。

古诗文 芙蓉如面柳如眉，对此如何不泪垂?

——[唐]白居易《长恨歌》

白话 与美人离别，心痛欲绝。

古诗文 翠眉蝉鬓生别离，一望不见心断绝。

——[唐]卢仝《有所思》

白话 绣帘的流苏仿佛坠压在心头，远山的碧绿如眉间浓浓的忧愁。

古诗文 绣帘垂箓簌，眉黛远山绿。

——[唐]温庭筠《菩萨蛮·雨晴夜合玲珑日》

白话 没办法表达相思之苦，只得任它在眉宇间显露出来。

古诗文 轮到相思没处辞，眉间露一丝。

——[明]俞彦《长相思·折花枝》

白话 算来这相思之苦，聚在眉头，凝在心间，无法回避。

古诗文 都来此事，眉间心上，无计相回避。

——[宋]范仲淹《御街行·秋日怀旧》

白话 下弦月出现在满月之后，有残缺之感，不如上弦月好。

古诗文 一种蛾眉，下弦不似初弦好。

——[清]纳兰性德《点绛唇·一种蛾眉》

白话 眉淡了教谁来描？脸瘦得不好意思戴上石榴花。

古诗文 蛾眉淡了教谁画？瘦岩岩羞带石榴花。

——[元]关汉卿《大德歌·夏》

白话 厌尘世，想随花飞。

古诗文 愿侬此日生双翼，随花飞到天尽头。

——[清]曹雪芹《红楼梦·葬花吟》

白话 谈笑间，敌军灭。

古诗文 羽扇纶巾，谈笑间，樯橹灰飞烟灭。

——[宋]苏轼《念奴娇·赤壁怀古》

白话 美好一旦消失便再难寻觅。

古诗文 蝶去莺飞无处问。

——[宋]赵令畤《蝶恋花》

白话 身世如落花，飘零无人怜。

古诗文 花谢花飞花满天，红消香断有谁怜？

——[清]曹雪芹《红楼梦·葬花吟》

白话 傍晚壮阔的美景。

古诗文 落霞与孤鹜齐飞，秋水共长天一色。

——[唐]王勃《滕王阁序》

白话 马和箭都达到了速度与力量的极致。

古诗文 马作的卢飞快，弓如霹雳弦惊。

——[宋]辛弃疾《破阵子·为陈同甫赋壮词以寄之》

白话 独自赏落花，看细雨中燕子成双。

古诗文 落花人独立，微雨燕双飞。

——[五代]翁宏《宫词》

白话 人生漂泊不定、匆匆无常。

古诗文 人生到处知何似，应似飞鸿踏雪泥。

——[宋]苏轼《和子由渑池怀旧》

白话 离得太远，连思念都难以飞跃抵达。

古诗文 天长路远魂飞苦，梦魂不到关山难。

——[唐]李白《长相思》

白话 为望友人而登高，心随大雁远去。

古诗文 相望始登高，心随雁飞灭。

——[唐]孟浩然《秋登兰山寄张五》

白话 秋月美得像一面镜子。

古诗文 一轮秋影转金波，飞镜又重磨。

——[宋]辛弃疾《太常引·建康中秋夜为吕叔潜赋》

白话 悲伤无处诉，落花纷飞，一去不返。

古诗文 泪眼问花花不语，乱红飞过秋千去。

——[宋]欧阳修《蝶恋花·庭院深深深几许》

白话 不慕虚荣，高洁自守。

古诗文 不要人夸颜色好，只留清气满乾坤。

——[元]王冕《墨梅》

白话 风起云涌，预示着一场秋雨即将来临。

古诗文 俄顷风定云墨色，秋天漠漠向昏黑。

——[唐]杜甫《茅屋为秋风所破歌》

白话 高洁的海棠在雨中依旧绽放。

古诗文 海棠不惜胭脂色，独立蒙蒙细雨中。

——[宋]陈与义《春寒》

白话 桂花不斗颜色斗香气。

古诗文 何须浅碧深红色，自是花中第一流。

——[宋]李清照《鹧鸪天》

白话 千姿百媚，无人能及。

古诗文 回眸一笑百媚生，六宫粉黛无颜色。

——[唐]白居易《长恨歌》

白话 战士望向远方时，思乡的心情藏不住。

古诗文 戍客望边色，思归多苦颜。

——[唐]李白《关山月》

白话 我满眼看的不是云，而是你！

古诗文 晓看天色暮看云，行也思君，坐也思君。

——[明]唐寅《一剪梅》

白话 柳又发芽了，燕又归来了，你何时回来？

古诗文 杨柳色依依，燕归君不归。

——[唐]温庭筠《菩萨蛮·满宫明月梨花白》

白话 探索美景须不畏艰难，深入未知之境会有独特体验。

古诗文 纵使晴明无雨色，入云深处亦沾衣。

——[唐]张旭《山行留客》

白话 丈夫久不归家，辜负了春光与誓言。

古诗文 春色迷人恨正赊，可堪荡子不还家，细风轻露着梨花。

——[五代]顾敻《浣溪沙·春色迷人恨正赊》

白话 你归家时一路的春色，都是我对你的想念。

古诗文 唯有相思似春色，江南江北送君归。

——[唐]王维《送沈子归江东》

白话 青天碧海本就澄清明净，不需要外物点缀衬托。

古诗文 云散月明谁点缀？天容海色本澄清。

——[宋]苏轼《六月二十日夜渡海》

白话 再孤独困苦也要保持自我、坚忍不拔。

古诗文 吹尽残花无人见，惟有垂杨自舞。

——[宋]叶梦得《贺新郎》

白话 春天里，万物生机勃勃。

古诗文 留连戏蝶时时舞，自在娇莺恰恰啼。

——[唐]杜甫《江畔独步寻花》

白话 歌舞升平的景象。

古诗文 舞低杨柳楼心月，歌尽桃花扇底风。

——[宋]晏几道《鹧鸪天·彩袖殷勤捧玉钟》

白话 许多繁华已淹没在时间的风雨里了。

古诗文 舞榭歌台，风流总被雨打风吹去。

——[宋]辛弃疾《永遇乐·京口北固亭怀古》

白话 繁华落尽后，往往只剩下一片苍凉。

古诗文 正是古来歌舞处，今日看时无地行。

——[南北朝]庾信《代人伤往诗二首》（其二）

白话 感受春日的生机与活力。

古诗文 花中来去看舞蝶，树上长短听啼莺。

——[唐]长孙皇后《春游曲》

白话 盛大的宴席，以及对美好时光的留恋。

古诗文 繁弦绮席方终夜，妙舞清歌欢未归。

——[唐]卢照邻《登封大酺歌四首》（其二）

白话 感慨艺人去世而技艺不传的遗憾。

古诗文 前溪妙舞今应尽，子夜新歌遂不传。

——[唐]宋之问《伤曹娘二首》（其二）

白话 天下没有不散的筵席，欢乐尽头是悲凉。

古诗文 歌终舞罢欢无极，乐往悲来长叹息。

——[唐]吴少微《古意》

白话 歌舞喧嚣的高台，如今只剩秋风瑟瑟。

古诗文 试上铜台歌舞处，唯有秋风愁杀人。

——[唐]张说《邺都引》

白话 歌舞太过优美；对美好时光流逝的无奈与担忧。

古诗文 只愁歌舞散，化作彩云飞。

——[唐]李白《宫中行乐词》

白话 朋友饮酒，彼此助兴，相得益彰。

古诗文 尔为我楚舞，吾为尔楚歌。

——[唐]李白《留别于十一兄逖裴十三游塞垣》

江雨霏霏江草齐
六朝如梦鸟空啼

白话 不要听冬虫的声音，太过忧愁！

古诗文 虫声冬思苦于秋，不解愁人闻亦愁。

——[唐]白居易《冬夜闻虫》

白话 秋夜漫长，虫鸣不断，阴雨绵绵，更添愁绪。

古诗文 暗虫唧唧夜绵绵，况是秋阴欲雨天。

——[唐]白居易《闻虫》

白话 生活中的琐碎太多，不如享受当下片刻的宁静。

古诗文 鸡虫得失无了时，注目寒江倚山阁。

——[唐]杜甫《缚鸡行》

白话 女子头饰华丽，姿态优雅。

古诗文 陂陀梳碧凤，腰袅带金虫。

——[唐]李贺《恼公》

白话 心静自然凉。

古诗文 竹深树密虫鸣处，时有微凉不是风。

——[宋]杨万里《夏夜追凉》

白话 别让忧虑成为现实，生活自有其节奏。

古诗文 莫因诗卷愁成谶，春鸟秋虫自作声。

——[清]黄景仁《杂感》

白话 在寒冷的霜降时节，虫鸣声声，四周一片寂静。

古诗文 霜草苍苍虫切切，村南村北行人绝。

——[唐]白居易《村夜》

白话 月光悄悄洒进窗扉，带来一丝宁静与温馨。

古诗文 夜深静卧百虫绝，清月出岭光入扉。

——[唐]韩愈《山石》

白话 深夜苦读，只为心中梦想；窗外晓月如玉，静静相伴。

古诗文 寻章摘句老雕虫，晓月当帘挂玉弓。

——[唐]李贺《南园十三首》（其六）

白话 沉浸在书海中，不让岁月和烦恼侵蚀心灵的纯净。

古诗文 谁看青简一编书，不遣花虫粉空蠹。

——[唐]李贺《秋来》

白话 秋凉来袭，军衣未到，希望天气不要急着变冷。

古诗文 秋逼暗虫通夕响，征衣未寄莫飞霜。

——[唐]张仲素《秋夜曲》

白话 连虫兽都知道感恩，更何况读书人呢？

古诗文 虫兽犹知德，何况于士人。

——[曹魏]曹植《薤露行》

白话 独享宁静，自在如云。

古诗文 众鸟高飞尽，孤云独去闲。

——[唐]李白《独坐敬亭山》

白话 感时伤怀，连花鸟都似带悲情。

古诗文 感时花溅泪，恨别鸟惊心。

——[唐]杜甫《春望》

白话 胸怀壮阔，心随归鸟远。

古诗文 荡胸生层云，决眦入归鸟。

——[唐]杜甫《望岳》

白话 黄昏鸟儿归巢的温馨场景。

古诗文 山气日夕佳，飞鸟相与还。

——[晋]陶渊明《饮酒二十首》（其五）

白话 自然的天籁之音，让内心更加宁静。

古诗文 蝉噪林逾静，鸟鸣山更幽。

——[南北朝]王籍《入若耶溪》

白话 山中夜景衬托了内心的宁静。

古诗文 月出惊山鸟，时鸣春涧中。

——[唐]王维《鸟鸣涧》

白话 抛开杂念，放空内心。

古诗文 山光悦鸟性，潭影空人心。

——[唐]常建《题破山寺后禅院》

白话 时光易逝，悲花落，却羡鸟之自由。

古诗文 白发悲花落，青云羡鸟飞。

——[唐]岑参《寄左省杜拾遗》

白话 死也要向着故乡的方向。

古诗文 鸟飞反故乡兮，狐死必首丘。

——[先秦]屈原《哀郢》

白话 爱家乡是人的本能。

古诗文 羁鸟恋旧林，池鱼思故渊。

——[晋]陶渊明《归园田居五首》（其一）

白话 英才早逝，空余遗恨。

古诗文 鸟啼花落人何在，竹死桐枯凤不来。

——[唐]崔珏《哭李商隐》（其二）

白话 历史沧桑，当年繁华不再。

古诗文 江雨霏霏江草齐，六朝如梦鸟空啼。

——[唐]韦庄《台城》

白话 惊讶于京城中能听到战马嘶鸣，皇帝出逃海上。

古诗文 初怪上都闻战马，岂知穷海看飞龙。

——[宋]陈与义《伤春》

白话 重阳节在龙山醉饮，菊花仿佛在笑我这个被放逐的人。

古诗文 九日龙山饮，黄花笑逐臣。

——[唐]李白《九日龙山饮》

白话 欢庆时，我们共同徜徉在音乐声和欢笑声中。

古诗文 龙池赐酒敞云屏，羯鼓声高众乐停。

——[唐]李商隐《龙池》

白话 历史兴衰更替，浪花淘尽多少英雄。

古诗文 千古龙蟠并虎踞。从公一吊兴亡处。

——[宋]苏轼《渔家傲·千古龙蟠并虎踞》

白话 在变幻莫测的世间，我们历经风雨，依然傲然挺立。

古诗文 双龙对起，白甲苍髯烟雨里。

——[宋]苏轼《减字木兰花·双龙对起》

白话 天气刚转凉，便盖起了柔软的被子。

古诗文 八尺龙须方锦褥，已凉天气未寒时。

——[唐]韩偓《已凉》

白话 昔日游园，车马络绎不绝、繁华热闹。

古诗文 还似旧时游上苑，车如流水马如龙。

——[五代]李煜《望江南·多少恨》

白话 不应过于沉迷于文学创作，而忽视了现实政治。

古诗文 不应李杜翻鲸海，更羡夔龙集凤池。

——[宋]杨万里《寄陆务观》

白话 智慧和勇气铸就传奇，策略和行动成就伟业。

古诗文 八阵图名成卧龙，六韬书功在飞熊。

——[元]查德卿《蟾宫曲·怀古》

白话 春雷惊醒了冬眠的蛇虫，春雨滋润着郊野草木。

古诗文 雷惊天地龙蛇蛰，雨足郊原草木柔。

——[宋]黄庭坚《清明》

白话 此次金榜未题名，只不过是个偶然。

古诗文 黄金榜上，偶失龙头望。

——[宋]柳永《鹤冲天》

白话 成功和名声突然降临，我们可能会难以自持。

古诗文 贵逼人来不自由，龙骧凤翥势难收。

——[唐]贯休《献钱尚父》

白话 要先解决关键问题。

古诗文 射人先射马，擒贼先擒王。

——[唐]杜甫《前出塞九首》（其六）

白话 初春生机勃勃的景象。

古诗文 乱花渐欲迷人眼，浅草才能没马蹄。

——[唐]白居易《钱塘湖春行》

白话 如走马灯般在官场忙个不停，失去了自我。

古诗文 嗟余听鼓应官去，走马兰台类转蓬。

——[唐]李商隐《无题》

白话 白马飞奔，尽显骑手的飒爽英姿。

古诗文 银鞍照白马，飒沓如流星。

——[唐]李白《侠客行》

白话 冬日草原上狩猎者的敏捷。

古诗文 草枯鹰眼疾，雪尽马蹄轻。

——[唐]王维《观猎》

白话 呼唤像李广一样的名将来保家卫国。

古诗文 但使龙城飞将在，不教胡马度阴山。

——[唐]王昌龄《出塞》

白话 在风雨中从容前行，笑傲人生的快意。

古诗文 竹杖芒鞋轻胜马，谁怕？一蓑烟雨任平生。

——[宋]苏轼《定风波》

白话 舍不得朋友离开，久久伫立。

古诗文 山回路转不见君，雪上空留马行处。

——[唐]岑参《白雪歌送武判官归京》

白话 对于社会现状的忧虑和对变革的渴望。

古诗文 九州生气恃风雷，万马齐喑究可哀。

——[清]龚自珍《己亥杂诗》（其一百二十五）

白话 宁静而略带萧瑟的秋日黄昏景象。

古诗文 夕阳古道无人语，禾黍秋风听马嘶。

——[元]王实甫《西厢记·一煞》

白话 情况危急，挺身跨马奔赴前线。

古诗文 白马饰金羁，连翩西北驰。

——[曹魏]曹植《白马篇》

白话 千里马常有，伯乐不常有。

古诗文 世上岂无千里马，人中难得九方皋。

——[宋]黄庭坚《过平舆怀李子先时在并州》

白话 人生难得几回开怀笑，遇知己就尽情畅饮，不醉不归。

古诗文 一生大笑能几回，斗酒相逢须醉倒。

——[唐]岑参《凉州馆中与诸判官夜集》

白话 雨后宁静，凉风入室。

古诗文 霁分星斗风雷静，凉入轩窗枕簟闲。

——[宋]王安石《雨过偶书》

白话 在璀璨星空下，我们都怀有守护家园的决心。

古诗文 北斗七星高，哥舒夜带刀。

——[唐]西鄙人《哥舒歌》

白话 再艰难也会有雨过天晴时，希望就在前方。

古诗文 参横斗转欲三更，苦雨终风也解晴。

——[宋]苏轼《六月二十日夜渡海》

白话 有时，美梦让人感觉会有好运，让人充满希望。

古诗文 疑怪昨宵春梦好，元是今朝斗草赢。

——[宋]晏殊《破阵子·春景》

白话 月光如水，北斗星和南斗星斜挂天际，宁静而美丽。

古诗文 更深月色半人家，北斗阑干南斗斜。

——[唐]刘方平《月夜》

白话 时间悄然流逝，新的一年，新的开始。

古诗文 昨夜斗回北，今朝岁起东。

——[唐]孟浩然《田家元日》

白话 海燕未回时，已玩起了斗草游戏；江梅过季，柳絮随风荡漾。

古诗文 海燕未来人斗草，江梅已过柳生绵。

——[宋]李清照《浣溪沙·淡荡春光寒食天》

白话 用自己的才华去惊艳世人，不用在外表上与人攀比。

古诗文 敢将十指夸针巧，不把双眉斗画长。

——[唐]秦韬玉《贫女》

白话 人生之路上，各有各的忧愁。

古诗文 行人刁斗风沙暗，公主琵琶幽怨多。

——[唐]李颀《古从军行》

白话 酒能够驱散心中的忧愁，让人暂时忘记烦恼。

古诗文 三杯通大道，一斗合自然。

——[唐]李白《月下独酌四首》

白话 壮丽的庐山与南斗星相伴，层叠的山峰如展开的云锦屏风。

古诗文 庐山秀出南斗傍，屏风九叠云锦张。

——[唐]李白《庐山谣寄卢侍御虚舟》

白话 学习英雄，为国杀敌立功。

古诗文 黄沙百战穿金甲，不破楼兰终不还！

——[唐]王昌龄《从军行》

白话 英勇的战士结束了战斗，战场上只剩下清冷的月光。

古诗文 骝马新跨白玉鞍，战罢沙场月色寒。

——[唐]王昌龄《出塞二首》（其二）

白话 战争惨烈，应慎思而战。

古诗文 战鬼秋频哭，征鸿夜不栖。

——[唐]杨凝《送人出塞》

白话 战争会给普通人造成巨大伤害。

古诗文 战城南，死郭北，野死不葬乌可食。

——[汉]汉乐府《战城南》

白话 战争的长期性和激烈程度。

古诗文 将军百战死，壮士十年归。

——[南北朝]佚名《木兰诗》

白话 惨烈的战斗之后，马怕听战鼓，人更思故乡。

古诗文 征人望乡思，战马闻鼙惊。

——[唐]鲍君徽《关山月》

白话 数万将士战死，诗人怀愁吟唱。

古诗文 战哭多新鬼，愁吟独老翁。

——[唐]杜甫《对雪》

白话 战士们紧张而艰苦的军旅生活。

古诗文 晓战随金鼓，宵眠抱玉鞍。

——[唐]李白《塞下曲》

白话 在战火纷飞的故园，菊花寂寞绽放。

古诗文 遥怜故园菊，应傍战场开。

——[唐]岑参《行军九日思长安故园》

白话 战士在阵前出生入死，将军却在营帐里欣赏美人歌舞。

古诗文 战士军前半死生，美人帐下犹歌舞。

——[唐]高适《燕歌行》

白话 长年征战，士兵都衰老了。

古诗文 万里长征战，三军尽衰老。

——[唐]李白《战城南》

白话 久经沙场的老战士，战斗经验非常宝贵。

古诗文 一身转战三千里，一剑曾当百万师。

——[唐]王维《老将行》

白话 多情自扰，相见不如怀念。

古诗文 相见争如不见，有情何似无情。

——[宋]司马光《西江月·宝髻松松挽就》

白话 我们曾是彼此的唯一，如今却各自心碎。

古诗文 一生一代一双人，争教两处销魂。

——[清]纳兰性德《画堂春》

白话 早春时节，都在为新生活忙碌着，满怀希望。

古诗文 几处早莺争暖树，谁家新燕啄春泥。

——[唐]白居易《钱塘湖春行》

白话 远方的我多想回家，但归期总是遥遥无期。

古诗文 天涯岂是无归意，争奈归期未可期。

——[宋]晏几道《鹧鸪天·十里楼台倚翠微》

白话 面对选择，我们常常犹豫不决，难以取舍。

古诗文 梅雪争春未肯降，骚人阁笔费评章。

——[宋]卢钺《雪梅》

白话 春天刚到，我的心里就充满了对你的思念，你能感受到吗?

古诗文 夜长争得薄情知？春初早被相思染。

——[宋]姜夔《踏莎行·自沔东来丁未元日至金陵江上感梦而作》

白话 匆忙找出路，不小心惊扰了周围的宁静。

古诗文 争渡，争渡，惊起一滩鸥鹭。

——[宋]李清照《如梦令·常记溪亭日暮》

白话 时间匆匆，快乐总是短暂，忧愁却漫长。

古诗文 揽流光，系扶桑，争奈愁来，一日却为长。

——[宋]贺铸《行路难·缚虎手》

白话 超脱世俗纷争，对他人的嫉妒毫不在乎。

古诗文 无意苦争春，一任群芳妒。

——[宋]陆游《卜算子·咏梅》

白话 放下了与人争斗的心态，却仍被误解，实在感到无奈。

古诗文 野老与人争席罢，海鸥何事更相疑。

——[唐]王维《积雨辋川庄作》

白话 夏日炎炎，大家都在寻找清凉之地避暑纳凉。

古诗文 晴云轻漾，熏风无浪，开樽避暑争相向。

——[元]薛昂夫《西湖杂咏·夏》

白话 离别之际，心中满是不舍与牵挂。

古诗文 马后桃花马前雪，出关争得不回头！

——[清]徐兰《出关》

白话 下棋之乐，超过隐居，也胜过与俗人闲聊。

古诗文 坐隐不知岩穴乐，手谈胜与俗人言。

——[宋]黄庭坚《弈棋二首·呈任公渐》

白话 骄兵必败，多疑必失。下棋时时刻警醒自己，就会获胜。

古诗文 战胜将骄疑必败，果然终取敌兵翻。

——[宋]黄庭坚《弈棋二首·呈任公渐》

白话 赤手空拳，难酬报国雄心；遇见朋友，只能徒流泪。

古诗文 力不胜于胆，逢人空泪垂。

——[宋]郑思肖《德佑二年岁旦》（其一）

白话 蜜蜂、蝴蝶忙碌不已，沾染花香，四处飞舞。

古诗文 蜂蝶不胜闲，惹残香、萦纡深透。

——[宋]李之仪《蓦山溪》

白话 简单生活胜过无衣之困。

古诗文 心既远，味偏长，须知粗布胜无裳。

——[宋]李之仪《鹧鸪天》

白话 即使被春风吹落，也不愿在尘土中被践踏。

古诗文 纵被春风吹作雪，绝胜南陌碾成尘。

——[宋]王安石《北陂杏花》

白话 今夜星光璀璨，却无人共赏，独自仰望，满心明亮。

古诗文 今宵绝胜无人共，卧看星河尽意明。

——[宋]陈与义《雨晴》

白话 早春时的景色远好过暮春。

古诗文 最是一年春好处，绝胜烟柳满皇都。

——[唐]韩愈《早春呈水部张十八员外》

白话 少女天生丽质，不知何日将离开三清仙境，步入凡尘。

古诗文 少年艳质胜琼英，早晚别三清。

——[五代]顾敻《虞美人·少年艳质胜琼英》

白话 面对失败和挫折，能够忍耐和坚持才是真正的强者。

古诗文 胜败兵家事不期，包羞忍耻是男儿。

——[唐]杜牧《题乌江亭》

白话 别后凄凉，尤其在清冷月光下，思念更是难以承受。

古诗文 凄凉别后两应同，最是不胜清怨月明中。

——[清]纳兰性德《虞美人·曲阑深处重相见》

白话 多么美丽的景色，真不枉到此一游。

古诗文 江山留胜迹，我辈复登临。

——[唐]孟浩然《与诸子登岘山》

有约不来过夜半
闲敲棋子落灯花

白话 无论圆缺，也不减一分一毫的思念。

古诗文 爱他明月好，憔悴也相关。

——[清]纳兰性德《临江仙》

白话 雨下了一夜，打在叶上，也打在我心上。

古诗文 一叶叶，一声声，空阶滴到明。

——[唐]温庭筠《更漏子》（其六）

白话 心悦之时光难再得，珍惜当下吧。

古诗文 明年此夕游何处，纵有清光知对谁。

——[唐]戴叔伦《对月答袁明府》

白话 才疏难遇明主，多病逐渐与旧友疏远。

古诗文 不才明主弃，多病故人疏。

——[唐]孟浩然《岁暮归南山》

白话 既然人生不痛快，我将乘舟出海。

古诗文 人生在世不称意，明朝散发弄扁舟。

——[唐]李白《宣州谢朓楼饯别校书叔云》

白话 人的衰老，就在一年年的花开花谢间。

古诗文 今年花谢，明年花谢，白了人头。

——[金]赵秉文《青杏儿》

白话 琵琶中那胡地的音调，透露出心中的悲愤。

古诗文 千载琵琶作胡语，分明怨恨曲中论。

——[唐]杜甫《咏怀古迹五首》（其三）

白话 明天分别之后，不知各自将会怎样。

古诗文 明日隔山岳，世事两茫茫。

——[唐]杜甫《赠卫八处士》

白话 这曲琵琶太好听了，感觉耳朵都变清静了。

古诗文 今夜闻君琵琶语，如听仙乐耳暂明。

——[唐]白居易《琵琶行》

白话 仿佛在一瞬间，我就老了。

古诗文 君不见，高堂明镜悲白发，朝如青丝暮成雪。

——[唐]李白《将进酒》

白话 及时行乐啊，明天的事儿明天再说。

古诗文 今朝有酒今朝醉，明日愁来明日愁。

——[唐]罗隐《自遣》

白话 月下青松和石上清泉，清幽明净的自然美。

古诗文 明月松间照，清泉石上流。

——[唐]王维《山居秋暝》

白话 岁月流转间，珍藏着与你共度的温暖记忆。

古诗文 桃李春风一杯酒，江湖夜雨十年灯。

——[宋]黄庭坚《寄黄几复》

白话 夜深人静，百无聊赖地等待客人。

古诗文 有约不来过夜半，闲敲棋子落灯花。

——[宋]赵师秀《约客》

白话 饮酒后，怀念曾经的雄心壮志。

古诗文 醉里挑灯看剑，梦回吹角连营。

——[宋]辛弃疾《破阵子》

白话 难以入睡之时最相思。

古诗文 夕殿萤飞思悄然，孤灯挑尽未成眠。

——[唐]白居易《长恨歌》

白话 暗夜深处有光，点亮归途与希望。

古诗文 月黑见渔灯，孤光一点萤。

——[清]查慎行《舟夜书所见》

白话 灯火不息，青春奋斗的最美时光。

古诗文 三更灯火五更鸡，正是男儿读书时。

——[唐]颜真卿《劝学》

白话 烛光温柔，与你共度，心生欢喜。

古诗文 今夕复何夕，共此灯烛光。

——[唐]杜甫《赠卫八处士》

白话 梦中万般美好，梦醒却有失落压心。

古诗文 灯前一觉江南梦，惆怅起来山月斜。

——[唐]韦庄《含山店梦觉作》

白话 大自然的可爱美好。

古诗文 雨中山果落，灯下草虫鸣。

——[唐]王维《秋夜独坐》

白话 一场热闹欢聚结束，累了，也有点儿烦了。

古诗文 灯月阑珊嬉游处。游人尽、厌欢聚。

——[宋]柳永《归去来》

白话 跨越万水千山，心系远方灯火。

古诗文 山一程，水一程，身向榆关那畔行，夜深千帐灯。

——[清]纳兰性德《长相思》

白话 所寻的往往在不经意的时刻出现。

古诗文 蓦然回首，那人却在，灯火阑珊处。

——[宋]辛弃疾《青玉案·元夕》

白话 一封家书，最能温暖人心。

古诗文 烽火连三月，家书抵万金。

——[唐]杜甫《春望》

白话 遵循自然之道。

古诗文 七月流火，九月授衣。

——[先秦]《诗经·七月》

白话 岁月静好。

古诗文 山上层层桃李花，云间烟火是人家。

——[唐]刘禹锡《竹枝词》

白话 欢快祥和的节日气氛，烟花来衬托。

古诗文 火树银花合，星桥铁锁开。

——[唐]苏味道《正月十五夜》

白话 夜里来客，煮茶热情招待。

古诗文 寒夜客来茶当酒，竹炉汤沸火初红。

——[宋]杜耒《寒夜》

白话 历经千锤百炼，像石灰一样坚贞不屈。

古诗文 千锤万凿出深山，烈火焚烧若等闲。

——[明]于谦《石灰吟》

白话 登高远望，灯火黄昏照孤影。

古诗文 伤情处，高城望断，灯火已黄昏。

——[宋]秦观《满庭芳》

白话 辨别本质，不要被表面迷惑。

古诗文 草萤有耀终非火，荷露虽团岂是珠。

——[唐]白居易《放言五首》（其一）

白话 看透人生虚无，珍惜当下。

古诗文 蜗牛角上争何事，石火光中寄此身。

——[唐]白居易《对酒五首》（其二）

白话 走出旧情绪，学会珍惜当下。

古诗文 休对故人思故国，且将新火试新茶。

——[宋]苏轼《望江南·超然台作》

白话 心灰意懒，鬓发斑白，岁月无情。

古诗文 心灰不及炉中火，鬓雪多于砌下霜。

——[唐]白居易《冬至夜》

白话 享天伦之乐，人生足矣。

古诗文 一尺鲈鱼新钓得，儿孙吹火荻花中。

——[唐] 郑谷《淮上渔者》

白话 内心清澈，才能映照出万物真相。

古诗文 半亩方塘一鉴开，天光云影共徘徊。

——[宋]朱熹《观书有感》

白话 朋友已离开，依然久久伫立凝望。

古诗文 孤帆远影碧空尽，唯见长江天际流。

——[唐]李白《黄鹤楼送孟浩然之广陵》

白话 以水为镜，眷念逝去的美好。

古诗文 伤心桥下春波绿，曾是惊鸿照影来。

——[宋] 陆游《沈园二首》（其一）

白话 做孤独且自由的人，保持深邃而超脱的姿态。

古诗文 谁见幽人独往来，缥缈孤鸿影。

——[宋]苏轼《卜算子·黄州定慧院寓居作》

白话 对时光流逝、青春不再的无奈与感慨。

古诗文 那堪玄鬓影，来对白头吟。

——[唐]骆宾王《在狱咏蝉》

白话 失去挚爱的凄凉和悲壮。

古诗文 渺万里层云，千山暮雪，只影向谁去。

——[金]元好问《摸鱼儿》

白话 哪怕还有一丝光，也不再畏惧黑暗。

古诗文 惟怜一灯影，万里眼中明。

——[唐]钱起《送僧归日本》

白话 两颗心相互依偎、缠绵悱恻。

古诗文 双心一影俱回翔，吐情寄君君莫忘。

——[南北朝]沈约《四时白纻歌·秋白纻》

白话 月下，独孤的人和影子成为朋友。

古诗文 举杯邀明月，对影成三人。

——[唐]李白《月下独酌》

白话 情人将至，内心充满期待。

古诗文 拂墙花影动，疑是玉人来。

——[唐]崔莺莺《答张生》

白话 须面对现实，懂得放下执念。

古诗文 千里寻月影，终是枉工夫。

——[唐]庞蕴《诗偈》（其一百七十八）

白话 赞颂如梅花一般清雅高洁的精神品质。

古诗文 疏影横斜水清浅，暗香浮动月黄昏。

——[宋]林逋《山园小梅二首》（其一）

白话 坚信自己不是一般人。

古诗文 仰天大笑出门去，我辈岂是蓬蒿人。

——[唐]李白《南陵别儿童入京》

白话 山中风雪夜，人归家的温馨画面。

古诗文 柴门闻犬吠，风雪夜归人。

——[唐]刘长卿《逢雪宿芙蓉山主人》

白话 世态炎凉，门前冷落，只能自力更生。

古诗文 路旁时卖故侯瓜，门前学种先生柳。

——[唐]王维《老将行》

白话 批判富人生活糜烂，不修战备。

古诗文 朱门沉沉按歌舞，厩马肥死弓断弦。

——[宋]陆游《关山月》

白话 家门久闭，今日特为君开。

古诗文 花径不曾缘客扫，蓬门今始为君开。

——[唐]杜甫《客至》

白话 边塞的辽阔与风力的强劲。

古诗文 长风几万里，吹度玉门关。

——[唐]李白《关山月》

白话 静观繁华，洞悉世间百态。

古诗文 下瞰千门静，旁观万象生。

——[唐]刘斌《登楼望月二首》（其一）

白话 春燕新巢筑成，家里添生机，怎会厌烦其频繁出入。

古诗文 大厦已成须庆贺，高门频入莫憎嫌。

——[唐]刘兼《春燕》

白话 不服老的精神。

古诗文 谁道人生无再少，门前流水尚能西。

——[宋]苏轼《浣溪沙·游蕲水清泉寺》

白话 我和你有缘无分。

古诗文 侯门一入深如海，从此萧郎是路人。

——[唐]崔郊《赠去婢》

白话 元旦伊始，万象更新。

古诗文 千门万户曈曈日，总把新桃换旧符。

——[宋]王安石《元日》

白话 与伴侣相拥度寒冬，格外温馨。

古诗文 门外风号雁阵低，拥衾同看残灯落。

——[宋]李之仪《四时词拟徐陵用今体次东坡旧韵·冬》

白话 盼着再见面，我会告诉你，下雨的日子里我有多想你。

古诗文 何当共剪西窗烛，却话巴山夜雨时。

——[唐]李商隐《夜雨寄北》

白话 鸟儿飞，白云近，这是山中小屋独特的景致。

古诗文 鸟向檐上飞，云从窗里出。

——[南北朝]吴均《山中杂诗》

白话 世界太吵了，让我静静。

古诗文 北窗高卧，莫教啼鸟惊着。

——[宋]辛弃疾《念奴娇·赋雨岩》

白话 虽然居室豪华，内心却孤寂、痛苦。

古诗文 纱窗日落渐黄昏，金屋无人见泪痕。

——[唐]刘方平《春怨》

白话 秋天，看着窗前风雨，我更伤心了。

古诗文 已觉秋窗秋不尽，那堪风雨助凄凉。

——[清]曹雪芹《红楼梦·秋窗风雨夕》

白话 您从我家乡来的时候，我家的梅花开没开?

古诗文 来日绮窗前，寒梅著花未?

——[唐]王维《杂诗》

白话 春夜微暖，你听，窗外的小虫叫了。

古诗文 今夜偏知春气暖，虫声新透绿窗纱。

——[唐]刘方平《月夜》

白话 书房读书，溪边垂钓，都是美事。

古诗文 窗含远色通书幌，鱼拥香钩近石矶。

——[唐]李贺《南园十三首》

白话 人去楼空，我很想你。

古诗文 明月不知君已去，夜深还照读书窗。

——[宋]刘子翚《绝句送巨山》

白话 读书入迷了，忘记了时间的流逝。

古诗文 闲坐小窗读周易，不知春去几多时。

——[宋]叶采《暮春即事》

白话 想念过度，产生了你来到我窗前的幻觉。

古诗文 相思一夜梅花发，忽到窗前疑是君。

——[唐]卢仝《有所思》

白话 梅花开了，寻常夜晚便不寻常了。

古诗文 寻常一样窗前月，才有梅花便不同。

——[宋]杜耒《寒夜》

白话 对过去自己荒唐生活的反思和自责。

古诗文 十年一觉扬州梦，赢得青楼薄幸名。

——[唐]杜牧《遣怀》

白话 讽刺权贵的醉生梦死。

古诗文 山外青山楼外楼，西湖歌舞几时休？

——[宋]林升《题临安邸》

白话 离别的深情厚意。

古诗文 楼前绿暗分携路，一丝柳、一寸柔情。

——[宋]吴文英《风入松·听风听雨过清明》

白话 我已准备好迎接万般美好。

古诗文 景阳楼畔千条路，一面新妆待晓风。

——[唐]温庭筠《杨柳枝八首》（其七）

白话 孤独与哀愁。

古诗文 无言独上西楼，月如钩。

——[五代]李煜《相见欢》

白话 亡国哀思，不敢回忆曾经的美好。

古诗文 小楼昨夜又东风，故国不堪回首月明中。

——[五代]李煜《虞美人》

白话 夕阳余晖中，懒散地依靠着小楼栏杆，内心分外忧愁。

古诗文 一半残阳下小楼，朱帘斜控软金钩。倚阑无绪不能愁。

——[清]纳兰性德《浣溪沙·一半残阳下小楼》

白话 登上高楼饮酒，心中豪情万丈。

古诗文 长风万里送秋雁，对此可以酣高楼。

——[唐]李白《宣州谢朓楼饯别校书叔云》

白话 老来心力交瘁，懒得爬楼了。

古诗文 不知筋力衰多少，但觉新来懒上楼。

——[宋]辛弃疾《鹧鸪天·鹅湖归病起作》

白话 即将面临挑战或变化。

古诗文 溪云初起日沉阁，山雨欲来风满楼。

——[唐]许浑《咸阳城东楼》

白话 国家多难，登上高楼更伤心。

古诗文 花近高楼伤客心，万方多难此登临。

——[唐]杜甫《登楼》

白话 对身在异地的人的思念和期盼。

古诗文 云中谁寄锦书来？雁字回时，月满西楼。

——[宋]李清照《一剪梅·红藕香残玉簟秋》

白话 清晨雨后，成都花团锦簇。

古诗文 晓看红湿处，花重锦官城。

——[唐]杜甫《春夜喜雨》

白话 对友人即将踏上漫长旅途的关切与不舍。

古诗文 城阙辅三秦，风烟望五津。

——[唐]王勃《送杜少府之任蜀州》

白话 追忆把盏时的美丽风姿，春已至，她却已遥不可及。

古诗文 红酥手，黄縢酒，满城春色宫墙柳。

——[宋]陆游《钗头凤》

白话 壮阔而又孤寂的氛围。

古诗文 千嶂里，长烟落日孤城闭。

——[宋]范仲淹《渔家傲·秋思》

白话 希望与重生。

古诗文 远芳侵古道，晴翠接荒城。

——[唐]白居易《赋得古原草送别》

白话 外面世界千般好，怎比早回家。

古诗文 锦城虽云乐，不如早还家。

——[唐]李白《蜀道难》

白话 秋风急不可耐地先到了家乡。

古诗文 秋风不相待，先至洛阳城。

——[唐]张说《蜀道后期》

白话 写家信时，想说的太多，但不知从何写起。

古诗文 洛阳城里见秋风，欲作家书意万重。

——[唐]张籍《秋思》

白话 战争带来的荒凉场景。

古诗文 千家万家鸡犬尽，十城五城烟火空。

——[明]何景明《盘江行》

白话 美人可遇不可求。

古诗文 宁不知倾城与倾国，佳人难再得。

——[汉]李延年《北方有佳人》

白话 收到珍贵的礼物，感激不尽。

古诗文 佳人遗我云中翮，何以赠之连城璧。

——[晋]张载《拟四愁诗四首》（其二）

白话 有了能征善战的将军，皇帝就不必再为边防费心思。

古诗文 但得将军能百胜，不须天子筑长城。

——[唐]胡皓《大漠行》

绿蚁新醅酒
红泥小火炉

白话 为爱好不惜代价。

古诗文 不惜千金买宝刀，貂裘换酒也堪豪。

——[清]秋瑾《对酒》

白话 愁绪难消，心结难解。

古诗文 算人间没个并刀，剪断心上愁痕。

——[宋]黄孝迈《湘春夜月》

白话 宝刀待豪杰，骏马求英雄。

古诗文 藏得宝刀求主带，调成骏马乞人骑。

——[唐]张籍《赠王司马》

白话 感叹怀才不遇。

古诗文 谁为立勋者，可惜宝刀闲。

——[唐]马戴《陇上独望》

白话 女子做女红的姿态。

古诗文 广裁衫袖长制裙，金斗熨波刀剪纹。

——[唐]白居易《缭绫》

白话 借花喻人，对无情现实的控诉。

古诗文 一年三百六十日，风刀霜剑严相逼。

——[清]曹雪芹《红楼梦·葬花吟》

白话 构思精巧，文采斐然。

古诗文 玉尺金刀俱在手，把天机云锦裁成句。

——[元]张之翰《金缕曲》

白话 为了理想抛头颅、洒热血。

古诗文 我自横刀向天笑，去留肝胆两昆仑。

——[清]谭嗣同《狱中题壁》

白话 老当益壮，保持勇武。

古诗文 试问谁家子，乃老能佩刀。

——[唐]李贺《感讽六首》（其四）

白话 离别时，鼓励朋友勇往直前。

古诗文 离魂莫惆怅，看取宝刀雄。

——[唐]高适《送李侍御赴安西》

白话 剪下一绺秀发，与亲笔信一起封装，寄给心上人。

古诗文 金剪刀，青丝发，香墨蛮笺亲札。

——[五代]冯延巳《更漏子·金剪刀》

白话 离别从古至今都是最伤人的刀。

古诗文 别离久，今古恨，大刀头。

——[宋]张元干《水调歌头·和芗林居士中秋》

白话 可惜了我的宝剑，它还以为我是个豪杰呢。

古诗文 堂堂剑气，斗牛空认奇杰。

——[宋]邓剡《酹江月·驿中言别》

白话 长久地努力和准备，只为等待一个展示自己的机会。

古诗文 十年磨一剑，霜刃未曾试。

——[唐]贾岛《剑客》

白话 剑光凌厉直插夜空，光芒映照到海湾。

古诗文 剑气峥嵘夜插天，瑞光明灭到黄湾。

——[宋]苏轼《浴日亭》

白话 一生追求逍遥自在，却被世人指责为狂放不羁。

古诗文 一箫一剑平生意，负尽狂名十五年。

——[清]龚自珍《漫感》

白话 突破束缚才智的关卡，就有可能到达令人惊叹和向往的境界。

古诗文 万一禅关砉然破，美人如玉剑如虹。

——[清]龚自珍《夜坐二首》

白话 即使遭遇挫折，也不放弃。

古诗文 月缺不改光，剑折不改刚。

——[宋]梅尧臣《古意》

白话 友情的虚伪与世态的炎凉。

古诗文 白首相知犹按剑，朱门先达笑弹冠。

——[唐]王维《酌酒与裴迪》

白话 见千丈奇峰似剑，心中豪气万丈，志在收复北地。

古诗文 举头西北浮云，倚天万里须长剑。

——[宋]辛弃疾《水龙吟·过南剑双溪楼》

白话 克服一切阻碍，尽全力去实现我们的目标。

古诗文 愿将腰下剑，直为斩楼兰。

——[唐]李白《塞下曲六首》（其一）

白话 潜力无限，不管将面对什么挑战，定能取胜。

古诗文 鲸饮未吞海，剑气已横秋。

——[宋]辛弃疾《水调歌头·和马叔度游月波楼》

白话 带着决心和勇气，迎着挑战，踏上新征程。

古诗文 弓背霞明剑照霜，秋风走马出咸阳。

——[唐]令狐楚《少年行四首》（其三）

白话 晨光初现，新的一天开始了。

古诗文 花迎剑佩星初落，柳拂旌旗露未干。

——[唐]岑参《奉和中书舍人贾至早朝大明宫》

白话 相隔万里，思念之情难以抑制。

古诗文 万里经年别，孤灯此夜情。

——[唐]白居易《除夜寄弟妹》

白话 生命的另一种延续和价值再创造。

古诗文 落红不是无情物，化作春泥更护花。

——[清]龚自珍《己亥杂诗》（其五）

白话 爱情若坚贞，时空都无法阻挡。

古诗文 两情若是久长时，又岂在朝朝暮暮。

——[宋]秦观《鹊桥仙》

白话 痴狂因用情深，与风月无关。

古诗文 人生自是有情痴，此恨不关风与月。

——[宋]欧阳修《玉楼春》

白话 离别时，你会对岁月无情有深刻的体悟。

古诗文 衰兰送客咸阳道，天若有情天亦老。

——[唐]李贺《金铜仙人辞汉歌》

白话 夕阳中挥别朋友，继续如浮云般漂泊。

古诗文 浮云游子意，落日故人情。

——[唐]李白《送友人》

白话 多情人最怕离别，更何况是在凄凉的秋天。

古诗文 多情自古伤离别，更那堪，冷落清秋节！

——[宋]柳永《雨霖铃》

白话 多情之人更容易受到情伤的打击。

古诗文 无情不似多情苦，一寸还成千万缕。

——[宋]晏殊《木兰花·春恨》

白话 伟大的爱情，能超越生死。

古诗文 问世间，情是何物，直教生死相许。

——[金]元好问《摸鱼儿·雁丘词》

白话 有的人虽然已经死去，但精神永远激励后人。

古诗文 其人虽已没，千载有馀情。

——[晋]陶渊明《咏荆轲》

白话 只有失去后，才懂得珍惜。

古诗文 此情可待成追忆，只是当时已惘然。

——[唐]李商隐《锦瑟》

白话 怀才不遇，独自奋斗无人懂。

古诗文 汉文有道恩犹薄，湘水无情吊岂知？

——[唐]刘长卿《长沙过贾谊宅》

白话 还有未完成的使命，心中激情从未熄灭。

古诗文 国仇未报壮士老，匣中宝剑夜有声。

——[宋]陆游《长歌行》

白话 怀着坚定的信念，为正义而战。

古诗文 雄气堂堂贯斗牛，誓将直节报君仇。

——[宋]岳飞《题青泥市萧寺壁》

白话 别让名利成为心灵的负担。

古诗文 莫言名与利，名利是身仇。

——[唐]杜牧《不寝》

白话 为了正义和信念，即使付出巨大代价也在所不惜。

古诗文 呼卢百万终不惜，报仇千里如咫尺。

——[唐]李白《少年行三首》（其三）

白话 我愿意与你终身厮守。

古诗文 结发辞严亲，来为君子仇。

——[曹魏]曹植《浮萍篇》

白话 历史不以人的意志为转移。

古诗文 子房本为韩仇出，诸葛宁知汉祚移。

——[元]虞集《挽文山丞相》

白话 时光匆匆，亲友渐少，我们还能为他们做什么呢？

古诗文 父老长安今余几，后死无仇可雪。

——[宋]陈亮《贺新郎·寄辛幼安和见怀韵》

白话 无论风雨，勇往直前。

古诗文 千场纵博家仍富，几度报仇身不死。

——[唐]高适《邯郸少年行》

白话 无论多难，家国在心间。

古诗文 战苦难酬国，仇深敢忆家？

——[明]夏完淳《即事三首》

白话 时间会冲淡一切，但有些情感永远铭记在心。

古诗文 醉眼悠悠，千古恩仇。浪卷胥魂，山锁吴愁。

——[元]乔吉《折桂令·风雨登虎丘》

白话 不要局限在小的恩怨中，人得有大格局。

古诗文 不愿报小怨，夜半刺私仇。

——[唐]白居易《李都尉古剑》

白话 无论世界如何变迁，总有一个地方，是我们心灵的归宿。

古诗文 憺将山河与日月长在，若有人兮，梦中仇池我归路。

——[宋]苏轼《山坡陀行》

白话 黄昏时分，被皇帝邀请进宫，喝茶谈国事。

古诗文 绿槐夹道集昏鸦，敕使传宣坐赐茶。

——[宋]周必大《入直召对选德殿赐茶而退》

白话 以豆蔻水为饮，以药代茶。

古诗文 豆蔻连梢煎熟水，莫分茶。

——[宋]李清照《摊破浣溪沙·病起萧萧两鬓华》

白话 时光匆匆，老友渐行渐远，谁还能陪我共饮午茶呢？

古诗文 叹息老来交旧尽，睡来谁共午瓯茶。

——[宋]陆游《幽居初夏》

白话 疲惫时，只想找地方休息；口渴时，渴望一杯解渴的茶。

古诗文 酒困路长惟欲睡，日高人渴漫思茶。

——[宋]苏轼《浣溪沙·簌簌衣巾落枣花》

白话 在悠闲的时光里随性练笔，享受晴日窗边的宁静，细品茶香。

古诗文 矮纸斜行闲作草，晴窗细乳戏分茶。

——[宋]陆游《临安春雨初霁》

白话 无论世界如何变迁，有些东西总能唤起我们的记忆。

古诗文 琴里知闻唯渌水，茶中故旧是蒙山。

——[唐]白居易《琴茶》

白话 因生活苦涩，更懂得珍惜那些能带来一丝慰藉的小确幸。

古诗文 酒阑更喜团茶苦，梦断偏宜瑞脑香。

——[宋]李清照《鹧鸪天·寒日萧萧上琐窗》

白话 岁月静好，人间烟火。

古诗文 山僧过岭看茶老，村女当炉煮酒香。

——[明]祝允明《首夏山中行吟》

白话 在忙碌中寻找片刻的宁静。

古诗文 洗砚鱼吞墨，烹茶鹤避烟。

——[宋]魏野《书逸人俞太中屋壁》

白话 在简单中找到真正的快乐。

古诗文 竹下忘言对紫茶，全胜羽客醉流霞。

——[唐]钱起《与赵莒茶宴》

白话 在平凡日常中品味生活的美好。

古诗文 茶饼嚼时香透齿，水沉烧处碧凝烟。

——[唐]李涛《春昼回文》

白话 在茶香中感受生活的温柔。

古诗文 今日鬓丝禅榻畔，茶烟轻飏落花风。

——[唐]杜牧《题禅院》

图书在版编目（CIP）数据
满腹经纶 / 夏可可著. -- 北京 : 现代出版社,
2025. 4. -- ISBN 978-7-5231-1409-4
Ⅰ. I207.22
中国国家版本馆CIP数据核字第2025RA4672号

满腹经纶
MANFUJINGLUN

著　　者　夏可可

责任编辑　窦艳秋
责任印制　贾子珍
出版发行　现代出版社
地　　址　北京市安定门外安华里504号
邮政编码　100011
电　　话　(010) 64267325
传　　真　(010) 64245264
网　　址　www.1980xd.com
印　　刷　三河市同力彩印有限公司
开　　本　880mm × 1230mm　1/32
印　　张　4.5
字　　数　110千字
版　　次　2025年4月第1版　2025年4月第1次印刷
书　　号　ISBN 978-7-5231-1409-4
定　　价　52.00元